日本人の心に生きる聖徳太子の「十七条憲法」

永崎孝文 Takafumi Nagasaki

育鵬社

「憲法十七条」は、
〝日本人のすがた〟であり、
〝〈和〉は、
日本人の遺伝子〟である。

淡泉

序文　「凡夫」と「憲法十七条」

「凡夫」とは何か

みなさんは、「凡夫《ぼんぷ》」ということばを知っていますか？　そう聞くと、ほとんどの人は「知ってるよ」と応えるでしょう。でも、本当にあなたは「凡夫」とは何か知っていますか？

冒頭でいきなり「凡夫とは何か」と問われて意外な感じを持たれたかもしれませんが、実はこの「凡夫」が本稿の一貫したキーワードなのです。

昔から聖徳太子の作とされてきた「十七条憲法」（以下、『日本書紀』の記載に合わせて「憲法十七条」とします）の第十条に、「我《わ》れ必ずしも聖《ひじり》に非《あら》ず。彼《か》れ必ずしも愚《おろか》に非《あら》ず。共に是《こ》れ凡夫《ただひと（ぼんぷ）》のみ」という条文があります。ここでは「凡夫《ただひと》」（ぼんぷ）を、「聖者（偉大な人）」でもなく「愚者（愚かな人）」でもない〝平凡な人〟と解釈して特に問題はないように思われます。現代でも、凡夫《ぼんぷ》といえば〝普通の人〟あるいは〝凡人〟と理解され、ことさら意識する人も少ないでしょう。

ところが、辞書を引いてみるともう少し深遠な意味があることに気づかされます。実に「凡夫」（ぼんぷ／ぼんぶ）とは、仏教における人間観を説く上で非常に重要なキーワードであって、「仏道の修行が未熟で未だ悟りの得られない人」を指しているのです。[1] また、仏書によれば、本来はサンスクリット語「prthag-jana（プリッタグ－ジャナ）」（インドのカースト制度における低い階級の人）に当たることばで、「凡夫」はその意訳（全体の意味を汲み取った訳）であるとされ、「煩悩にとらわれて欲望や迷いから抜け出られない己《おの》れの愚かさを自覚した人」を意味しているそうです。そこで本稿では、「凡夫」というものを「現在は己れの未熟さを自覚しており、少しでも未熟さを克服すべく努力・向上の意欲を持つ者」としてとらえ、〝凡夫を生きる心構え〟について思うところを述べてみたいと思います。

活学としての「憲法十七条」

次に「憲法十七条」ですが、これが聖徳太子の制作によるものか偽作かといった論争が、久しく繰り広げられています。しかし、真作・偽作のいずれであるにしても、厩戸王子《うまやとのみこ》や蘇我馬子《そがのうまこ》らによる外来文化受容期から「日本」という国名が誕生してくる過程において「憲法十七条」は制作され、その精神は武家や商家の家訓のみならず日本人一人ひとりのこころに強い影響を与えながら現在まで受け継がれてきました。この「憲法十七条」を通して唱道《しょうどう》された〈和〉の精神および信（まこと：誠）のこころは、日本思想の根幹であり、日本国民の理想であり、また世界の人類和平の普遍的原理ともなり得《う》るものです。

古来、「憲法十七条」は国家理想であり、高い政治思想であり、同時に官公吏《かんこうり》に内示した道徳的訓戒あるいは服務規程であるとされてきました。しかし、「憲法十七条」における一つひとつの条文の背景には、人間の実相《じっそう》を凝視《ぎょうし》した深い呻吟《しんぎん》（苦しみながら発する沈痛なうめき声）が籠《こ》められており、憂国《ゆうこく》の至情《しじょう》と同時にこの世に生きる人々への叱咤激励《しったげきれい》を読み取ることもできます。

現在のわが国は、政治経済の混迷、文化社会の退廃、精神的気風の荒廃の中にあって実に混沌《こんとん》としています。今後の進むべき方向性を見失っている今日、「憲法十七条」を単に政治思想や仏教思想として読み解くのではなく、あるいはまた学問の対象としてこむずかしく考究するのではなく、日々の実生活を生きる〝凡夫の活学〟として味読することが大切でしょう。

「憲法十七条」のこころに触れ、いのちに触れて、その真義をわが日常生活に活かすこと、それが「憲法十七条」の精神に親しむ道であると思います。そして、「憲法十七条」の精神に親しんでわが人生の心構えを構築し、たゆまなく努力・向上の意欲を持ち続ける凡夫の中から、一人でも二人でも〝偉大なる凡夫〟あるいは〝真のエリート〟が現れることを切に願っています。

日本人の心に生きる聖徳太子の「十七条憲法」◎目　次

装幀　村橋雅之

序章　厩戸王子の人物像と「憲法十七条」

厩戸王子の人物像

聖徳太子は、日本の歴史上の人物の中でも特に名前が知られており、太子とされるお馴《な》染《じ》みの肖像は幾度となく紙幣にも登場し、広い層から人気を集めています。

太子は、「若くして皇太子に立てられ摂政《せっしょう》として国家の命運を担い、冠位十二階や憲法十七条を制定して政治を整え、遣隋使を派遣して大国隋《ずい》との外交に新局面を開き、国史を編纂《へんさん》し、仏法を興隆して法隆寺・四天王寺を建立《こんりゅう》するばかりでなく、『勝鬘経《しょうまんぎょう》』や『法《ほ》華経《けきょう》』を講説し、『維摩経《ゆいまぎょう》』を含めた『三経義疏《さんぎょうぎしょ》』を撰述し、積極的に海外の文化を吸収して飛鳥文化を開花させた偉大な聖人であった」と、長い間多くの人にそう信じられてきました。

しかし、現実にこれだけのことを摂政の身でやり遂げることが本当に可能だったでしょうか。ちなみに、「摂政」もこの時代には正式な権威ある官職として存在していたわけではありません。正式な官職として「摂政」が置かれたのは、平安時代も中期以降なのです。

近年、聖徳太子が実在したか否かが問われるようになりました。そればかりではなく、後に聖徳太子と諡《おくりな》された厩戸王子《うまやとのみこ》その人も、実在しなかったのではないかという問題提起すらなされています。古来、通常の王族の幼名には誕生した地名あるいは養育氏族に関わる文字が用いられましたが、〝厩戸《うまやと》〟という名は従来の法則に則《のっと》っていないというのがその理由だそうです。

聖徳太子実在説を証明する基本史料には、『日本書紀』「法隆寺薬師像・釈迦三尊像の光《こう》背《はい》の銘文《めいぶん》」「中宮寺天寿国繍帳《ちゅうぐうじてんじゅこくしゅうちょう》」『上宮聖徳法王帝説《じょうぐうしょうとくほうおうていせつ》』などがあり、法隆寺界隈《かいわい》の法《ほっ》起寺《きじ》の塔婆《とうば》にある九輪の下の露盤銘《ろばんめい》にも「上宮太子聖徳皇《じょうぐうたいししょうとくのすめらぎ》」〔これが文献史料上「聖徳」の初見とされます〕[2]として太子の存在を伝えています。

一方、聖徳太子虚構説は、『日本書紀』に記された聖徳太子関連の記事そのものが疑わしいこと、さらに『日本書紀』以外の史料についてはいずれも後世に捏造《ねつぞう》されたものであることを根拠としています。[3] 最近では、広く人口に膾炙《かいしゃ》されている〝聖徳太子〟は推古朝に存在しなかったが、後世聖徳太子と尊称されることの多い厩戸王子は実在したとの提起に傾きつつあるようです。それでは何故《なぜ》、厩戸王子に聖徳太子が仮託《かたく》されるようになったのでしょうか？

私は、厩戸王子に聖徳太子が仮託された大きな理由は、その子孫である山背大兄王《やましろのおおえのおう》をはじめとする上宮王家《じょうぐうおうけ》の滅亡ではあるまいかと考えています。もし仮に、聖徳太子に仮託する者の子孫がその後も長く存続していたとすれば、なんらかの形で反勢力あるいはさまざまな思惑を持った輩《やから》がその子孫を中心に党を組む可能性があり、それは『日本書紀』が奏上《そうじょう》された時代の権力者にとって不利に働くことが多いと考えられるからです。現代でも、実力のない輩ほど適当な人物を担《かつ》ぎだして党を組む姿が垣間《かいま》みえるではありませんか。聖徳太子のような偉大な人物を仮託するには、子孫が完全に途絶えてしまった厩戸王子が最も都合がよかったのではないかと考えられるのです。

さて、厩戸王子《うまやとのみこ》の父は橘豊日大兄王子《たちばなのとよひのおおえのみこ》（後の用明王《ようめいおう》）、母は穴穂部間人王女《あなほべのはしひとのひめみこ》といわれています。用明王は欽明王《きんめいおう》と蘇我稲目《そがのいなめ》のむすめである堅塩媛《きたしひめ》との間に生まれ、穴穂部間人王女は欽明王と堅塩媛の妹小姉君《おあねぎみ》との間に生まれていますので、厩戸王子の両親は異母兄妹であり、しかも蘇我氏の血を濃厚に受け継いでいました。時の権力者蘇我馬子《そがのうまこ》は稲目の息子であり、後に、蘇我馬子のむすめである刀自古郎女《とじこのいらつめ》が厩戸王子の妃《きさき》の一人となりますので（二人の間に生まれた長男が悲劇の王子《みこ》・山背大兄王《やましろのおおえのおう》）、厩戸王子の父も母も妃もみな蘇我稲目の孫にあたります。

五七四年に誕生された厩戸王子は、明日香《あすか》の地で両親や蘇我氏一族の下《もと》で幼少期を過ごされ、当時としては十分な教育を受けて育ったものと思われます〔関連年表参照〕。仏教伝来を五五二年とすれば、仏教伝来から厩戸王子誕生までわずか二十二年の歳月しか流れ

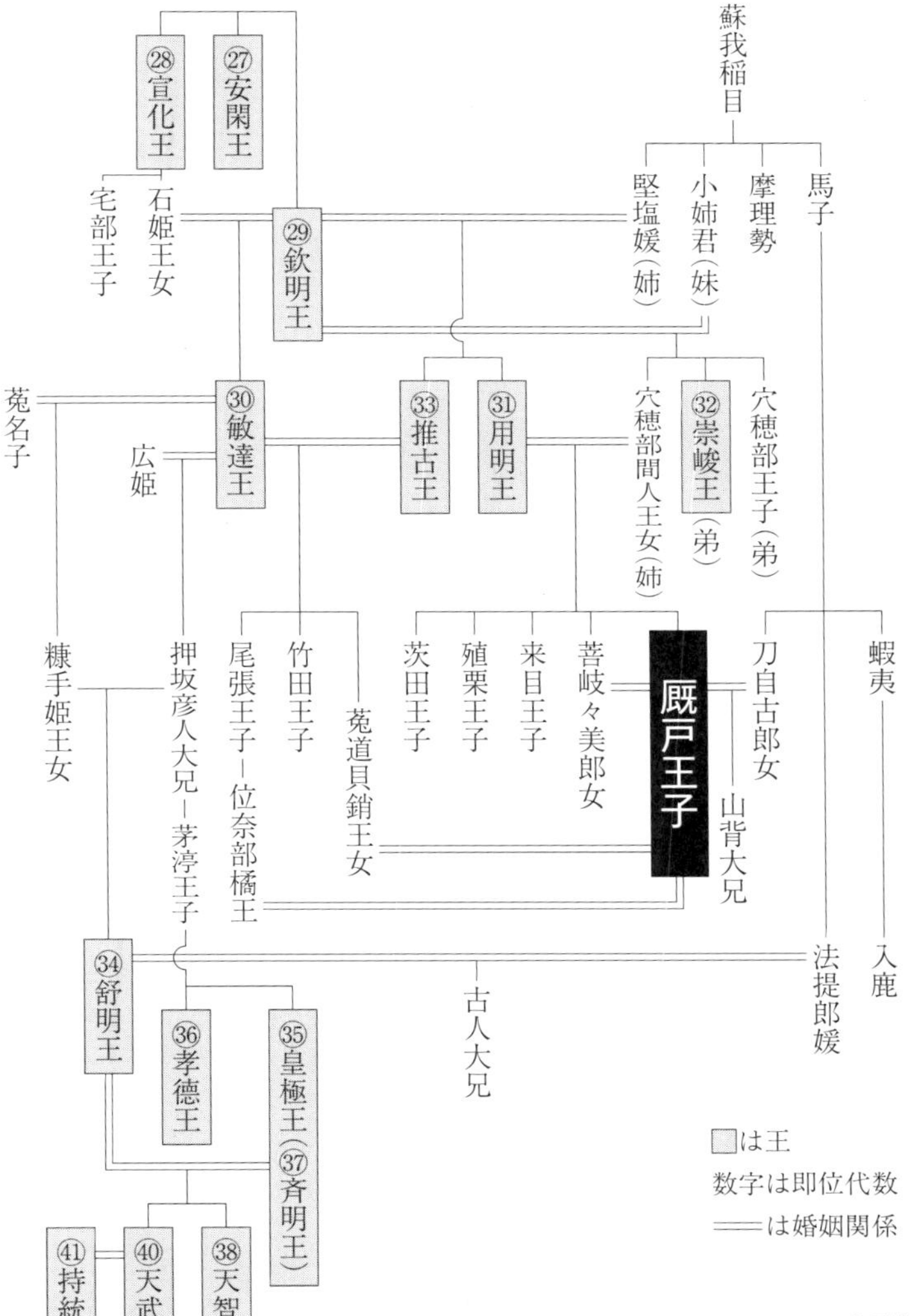

厩戸王子の系譜

【参考文献（23）より引用：一部改変】

ていません。当時の仏教の受け入れ方は、仏典の深い教義を受容するのではなく、光り輝く仏像を拝み祖先崇拝《そせんすうはい》や病気平癒《びょうきへいゆ》を願うことが主であったといいます。

厩戸王子《うまやとのみこ》が仏教や儒教に接したのがいつ頃のことであったか定かではありませんが、崇仏派《すうぶつは》の先頭に立っていた蘇我馬子が石川宅を仏殿に改修した五八三年は厩戸王子十歳（数え年）の時であり、見事な仏殿や仏像を目の前にしたこの頃から外来文化を強く意識しはじめたのではないでしょうか。とはいっても、慧慈《えじ》が高句麗《こうくり》より来朝して厩戸王子の師となる五九五年までの約十二年間というものは、仏像をあがめ尊ぶばかりで仏典の教義を深く学ぶまでには到らなかったと思われます。

学問の師慧慈や慧聡《えそう》を得て深く仏典の教義を学びはじめたのは厩戸王子二十二歳の時と考えられ、その後「憲法十七条」を作り定めたとされる六〇四年（三十一歳）までわずか九年、法華経《ほけきょう》を斑鳩《いかるが》の岡本宮《おかもとのみや》に講じたとされる六〇六年（三十三歳）まで十一年、「三《さん》経義疏《ぎょうぎしょ》」を撰述し終えたとされる六一四年（四十一歳）まで十九年です。生まれたときから聡明であった王子《みこ》であれば、現代ほど雑駁《ざっぱく》なものに煩《わずら》わされずに、しかも家庭教師や勉学の環境を十分に与えられていたとすれば、その理解はかなり深いものになっていたと考えられないこともありません。

しかしながら、仏教受容後間もないわが国において正式に仏典を学ぶということは、よほど困難なことであったに違いないのです。慧慈・慧聡をはじめとして外国僧が多数来日しており、学べる師は多かったかもしれませんが、厩戸王子は専門の学問僧とは異なり、「太子として国の政《まつりごと》を摂《つかさど》らしめ、万機《ばんき》を以て悉《ことごと》くに委《ゆだ》ねらる」執政《しっせい》の人であったはずです。そこには学問をする上で多くの大きな制約があったに違いありません。

執政者《しっせいしゃ》厩戸王子が、何年間も仏道の修得に励んだ学問僧以上に仏典の教義を理解し、「三経義疏《さんぎょうぎしょ》」を撰述することが本当に可能であったでしょうか。「だから聖人なんだ！」といってしまえばそれまでのことですが、後の時代に活躍する最澄《さいちょう》も空海《くうかい》も、法然《ほうねん》も親《しん》鸞《らん》も、あるいは道元《どうげん》も日蓮《にちれん》も、仏道一筋を生きるのにいったい何十年を要したでしょうか。そのようなことから推察しても、国内外とも激動の時代に政務に勤《いそ》しんだ厩戸王子が学問僧以上に仏典の教義を理解し、自《みずか》ら「三経義疏」を撰述したかは疑わしいと思わざるを得ないのです。

ただ、「三経義疏」を自ら撰述したかどうかは定かでないとしても、厩戸王子が遣隋使を通して貴重な三経や権威ある注釈書を入手でき、さらに良師の教えを受けて学べる環境にあったことは確かでしょう。あるいはまた、皇室の御物《ぎょぶつ》として現存する『法華義疏《ほっけぎしょ》』の誤字・脱字や修正加筆した跡が著しいことから、厩戸王子が入手した資料を拠《よ》り所《どころ》として自分なりの〝学習ノート〟を作成していたと考えられないこともありません。むしろ、内教《ないきょう》（仏教）や外典《げてん》（儒教）を誠実に学ぶ厩戸王子が、サークル活動的に学習発表を行い（仏典の講説）、学習ノートをまとめ直して撰述し（義疏撰述）、自分のノートに「政《まつりごと》を行う者としての心得《こころえ》」（憲法十七条）をメモしていたのだと推測すれば、厩戸王子《うまやとのみこ》という人物を〝遠い時代の聖人〟としてではなく、現代の勤勉な学生にも通じて身近に感じることができるというものです。

当時最大の仏教擁護者は蘇我馬子

ところで、政敵であった物部守屋《もののべのもりや》討伐に勝利した蘇我馬子《そがのうまこ》ですが、実は彼こそが当時最大の仏教擁護者《ようごしゃ》であったと考えられます。法興寺《ほうこうじ》（飛鳥寺）の建立、仏教や仏教芸術および僧の庇護《ひご》、善信尼《ぜんしんに》（わが国初の出家者で尼僧）の百済《くだら》への派遣、慧慈《えじ》・慧聡《えそう》の法興寺への招来などはすべて馬子の業績です。

したがって、王族と蘇我氏の血を共に濃厚に受け継ぎ、馬子のむすめ婿でもあった厩戸王子にとって、最先端の文化に触れる環境は十分に整っていたことでしょう。現に「内《ない》教《きょう》を高麗《こうらい》の僧慧慈に習ひ、外典《げてん》を博士覚哿《かくか》に学び、並びに悉《ことごと》くに達《さと》りたまひぬ」（『日本書紀』）聡明さを持っておられました。

しかし、もしも「大化改新」というクーデターがなく、その後も蘇我氏が存続していたと仮定すれば、蘇我馬子は聖徳太子同様あるいはそれ以上に、長く仏教擁護者として後世に語り伝えられたはずなのです。

中国において、国史は常に勝者の王朝により編纂《へんさん》されてきました。勝者である王朝が自らの手で滅ぼした前王朝の国史を編纂するに際して、都合の悪い事案についてなんらかの粉飾が為されないはずはありません。

わが国の国史である『日本書紀』は、中国の国史同様勝者の立場で記されたため、蘇我馬子は聖徳太子より低く扱われていますが、「冠位十二階の制」「遣隋使派遣を中心とした外交路線」をはじめとする国内外の整備は、蘇我馬子の率先なくしては考えられず、少なくとも馬子と厩戸王子の両者が協力しあって行ったものと考えて差《さ》し支《つか》えないでしょう。

執政者厩戸王子の仏教受容

さて、五八七年、厩戸王子はわずか十四歳で父と死別します。さらに蘇我氏と物部氏との対立、厩戸王子のデビュー戦となった物部守屋の討伐、叔父穴穂部王子《あなほべのみこ》と宅部王子《やかべのみこ》の殺害、同じく叔父崇峻王《すしゅんおう》の暗殺など、目の前で繰り広げられる権力闘争、それも血を分けた親子兄弟の血なまぐさい無道な闘争は、感じやすい少年期・青年期にあった若い王子《みこ》にとっていかばかりであったでしょうか。
以下は私の勝手な推測なのですが、当時最先端の文化である仏教や儒教に触れていた聡明な王子は、目の前で繰り広げられる醜《みにく》い争いの中で、権力欲よりも仏教や儒教の内包する〝こころ〟に関心が深まっていったのではないでしょうか。多彩な文献史料を手にすることが可能であり、良師の教えを得ることもできた厩戸王子《うまやとのみこ》は、仏教の経典《きょうてん》や儒教の経典《けいてん》の教義を習得するうちに、同じ太子でありながら出家《しゅっけ》して釈迦《しゃか》となったゴータマ・シッダッタにわが身を重ねることがあったかもしれません。
しかし仮にそうであったとしても、厩戸王子の仏教理解はあくまで〝学問的〟であったと思われます。仏教には出家《しゅっけ》であれ在家《ざいけ》であれ、仏教者として最低限保たなければならない「五戒《ごかい》」というものがあります。不殺生戒《ふせっしょうかい》（生き物に危害を加えたり殺したりしない）・不偸盗戒《ふちゅうとうかい》（盗みを働かない）・不邪婬戒《ふじゃいんかい》（妻あるいは夫以外の人とセックスしない。出家の場合にはいかなる異性ともセックスしない）・不妄語戒《ふもうごかい》（嘘をつかない）・不飲酒戒《ふおんじゅかい》（酒を飲まない）が、その「五戒」といわれているものです。[4]
しかし、執政者《しっせいしゃ》厩戸王子を取り巻く環境は、「五戒」の世界とははるかにかけ離れていました。醜い権力闘争の中で物部守屋《もののべのもりや》の討伐に参戦し、二人の弟を将軍として新羅《しらぎ》派遣を二度試みています。守屋討伐には当然殺生《せっしょう》が行われたでしょうし、新羅派遣は国土を偸盗《ちゅうとう》することに通じる行為でありましょう。また、行き詰まった政局を打開するためには妄語《もうご》も飲酒《おんじゅ》も口にしなくてはならない状況もきっとあったことでしょう。さらに、政略結婚と思《おぼ》しきものも含めて、厩戸王子には菟道貝鮹王女《うじのかいたこのひめみこ》〔推古王《すいこおう》のむすめ〕、刀自古郎《とじこのいらつ》女《め》〔蘇我馬子のむすめ〕、菩岐々美郎女《ほききみのいらつめ》〔膳 臣 傾子《かしわでのおみかたぶこ》のむすめ〕、位奈部 橘 王《いなべのたちばなのおおきみ》〔推古王の孫むすめ〕の四人の妃《きさき》と十四人の子供がいました。これらの事柄は、いずれも「五戒」を戒める仏教教義と相容《あいい》れるものではありません。そのようなことから、執政者である厩戸王子は、仏教を純粋に宗教としてとらえるのではなく、むしろ〝最先端の学問〟として受容していったものと思われます。一方で、この厩戸王子の学問としての受け入れ方こそが、その後時代を下ってインド仏教や中国仏教とはいささか異なった日本独自の仏教へと変貌する本《もと》になったものと考えられます。

斑鳩の地と法隆学問寺

厩戸王子が斑鳩《いかるが》の地に宮殿を建設しはじめたのは六〇一年であり、斑鳩宮《いかるがのみや》に転居したのは六〇五年でした。法隆寺の建つ斑鳩の里は、竜田道《たつたみち》あるいは大和川《やまとがわ》に沿って西に下れば難波《なにわ》へ通じる交通の要衝《ようしょう》であり、そのまま舟運を介して隋の都大興城《たいこうじょう》（長安《ちょうあん》の近く）へも通じていました。厩戸王子は明日香から遠く離れたこの斑鳩の地をわざと選んで住まいとしたのは、蘇我馬子との権力闘争に敗れたからなどという俗説によるものではなく、外国の文物《ぶんぶつ》を取り入れるのに最適な重要地点であったからと思われます。それは、後年、斑鳩の里に隣接して平城京が造られたことでも察せられましょう。

ちなみに、日本列島は縄文・弥生時代以前より海に囲まれた〝孤立した島国〟と考えられていましたが、最近の研究により、逆に縄文時代以前より日本海や太平洋の〝海の道〟を通して世界の幅広い文化を受け入れ、さらに文化波及の中継地点となっていたことが知られるようになってきました。[5] 厩戸王子はそのことを十分承知した上で、瀬戸内海の道につながる斑鳩の地を重要視していたに違いありません。

あるいはまた、「東に川あれば青龍《せいりゅう》、西に道あれば白虎《びゃっこ》、南に池あれば朱雀《すざく》、北に山あれば玄武《げんぶ》のごとし」という陰陽思想の〝四神相応《しじんそうおう》の地相〟を踏まえた上で、「東に富雄《とみお》川・佐保《さほ》川、西に竜田道《たつたみち》、南に池のごとき大和川《やまとがわ》、北に矢田《やた》丘陵《きゅうりょう》・生駒山」を配置する斑鳩《いかるが》の地を善《よ》しとしたのかもしれません。

斑鳩の地に、生駒山系のなだらかな矢田丘陵を背にしてそびえ立つ五重塔。法隆寺はそもそも厩戸王子《うまやとのみこ》が亡き父用明王の菩提《ぼだい》を弔《とむら》うために建立したものでしたが、六二二年厩戸王子の薨《こう》ずるを見、六四三年山背大兄王をはじめ上宮王家滅亡の悲劇を見とどけた後、六七〇年灰燼《かいじん》に帰《き》すことになります。再建後の法隆寺は、厩戸王子から山背大兄王の悲劇に至る上宮王家《じょうぐうおうけ》を弔う寺として、また学問の寺としてその性格が大きく変わることになります。

法隆寺の本来の名称は「法隆学問寺《ほうりゅうがくもんじ》」であり、「法隆寺《ほうりゅうじ》伽藍《がらん》縁起《えんぎ》并《ならびに》流記《るき》資財帳《しざいちょう》」にもその名称がみられることから、当時、仏教ならびに儒教は学問の集合体系とみなされ、寺というもの特に法隆寺は、現在の総合大学の役割を担っていたと考えられます。そして、法隆寺の学問的集合体系としての実態は、やがて最澄の比叡山延暦寺《ひえいざんえんりゃくじ》、空海の高野山金《こうやさんこん》剛峯寺《ごうぶじ》へと引き継がれていくことになります。それこそまさしく、「権力ある執政者」でありながらも「最先端の文化を学ぶ者」として生きた厩戸王子が真に求めていた姿ではなかったのでしょうか。

「憲法十七条」の概要

「冠位十二階」と「憲法十七条」の関連性

六〇四年一月に「冠位十二階の制」が施行され、同年四月には「憲法十七条」も策定されます。この両者は、〝新しい国造り〟をめざして同じ時期に並行して検討されてきたもので、相互に強い関連性がみられることから、同一理念を持った執政者の下《もと》で制作が進められたとみてよいでしょう。

「冠位十二階」とは、〈徳《とく》・仁《にん》・礼《らい》・信《しん》・義《ぎ》・智《ち》〉といった徳目を大と小に分け、〈大《だい》徳《とく》・小徳《しょうとく》・大仁《だいにん》・小仁《しょうにん》・大礼《だいらい》・小礼《しょうらい》・大信《だいしん》・小信《しょうしん》・大義《だいぎ》・小義《しょうぎ》・大智《だいち》・小智《しょうち》〉の十二階の爵号をもって人材登用を図ったものです。

この〈徳・仁・礼・信・義・智〉は、儒教の徳目である「五常《ごじょう》」（仁《じん》・義《ぎ》・礼《れい》・智《ち》・信《しん》）の順を和風に入れかえた上で〈徳〉を最上位に置いています。ここに、「冠位十二階」と「憲法十七条」の関連性がみられるわけです。

まず、「憲法十七条」の第三条は「詔《みことのり》」について提唱されています。この「詔」というものは、本来、国を愛し民を慈しむ〈仁〉のこころから発せられるものであり、「詔」に仮託《かたく》して〈仁〉のこころが述べられているわけです。

次の第四条は、「礼を以《もっ》て本《もと》と為《せ》よ」です。そして以下、訴訟を取りあつかう立場としての礼（第五条）、善悪など社会規範としての礼（第六条）、人材を任ずる際の礼（第七条）、朝堂における礼（朝礼：第八条）と、〈礼〉に関する条文が並びます。

次の第九条は、「信《しん》は是《こ》れ義の本《もと》なり」です。そして以下、良好な人間関係のあり方（第十条）、信賞必罰のあり方（第十一条）と〈信〉に関わる条文が並び、続いて中間搾取の禁止（第十二条）、公務を滞らせないための心得（第十三条）と〈義〉に関する条文が並びます。次の第十四条は、「智己《おの》れに勝《すぐ》れば則《すなわ》ち悦《よろこ》ばず」です。そして以下、公と私における智（第十五条）、民の使役に際しての智（第十六条）、ものごとを判断する際の智（第十七条）と、〈智〉を致すべき条文が並びます。

こうした〈仁・礼・信・義・智〉を兼ね備えた人物こそ〈徳〉という爵号に値するわけで、この〈徳〉が第一条「和《わ》を以《もっ》て貴《たっと》しと為《な》し」の〈和〉に相応します。そして、仏法僧の三宝を敬うこと（第二条）が、〈和〉の精神を活かす手段として提唱されているわけです。

「憲法十七条」と偽作説

「冠位十二階の制」については、『日本書紀』のみならず『隋書《ずいしょ》』「東夷伝倭国条《とういでんわこくのじょう》」にも記載があり、厩戸王子《うまやとのみこ》が蘇我馬子《そがのうまこ》とともに位階の制定に深く関わっていたものと考えられます。また、冠位制は高句麗《こうくり》・新羅《しらぎ》・百済《くだら》でもみられており、なによりも遣隋使外交の上で、時の大国隋《ずい》に対して「日出《ひい》ずる処《ところ》」が独立した国家であることを承認させるためには、それまでの氏《うじ》や臣《おみ》・連《むらじ》といった姓《かばね》による氏姓制度ではなく、冠位制度による官僚制の導入が必要であったと推測されています。

一方「憲法十七条」については、『日本書紀』（七二〇年完成）にみえるものの『隋書』にはみえず、「三経義疏《さんぎょうぎしょ》」とともに聖徳太子の真作か偽作かが問われています。戦前、津《つ》田左右吉《だそうきち》博士が、「憲法十七条」の条文に「国司」ということばや大化改新以前には考えられない中央集権的官僚制の精神がみられるとして推古朝の聖徳太子真作説を否定していますが、その点については理にかなった反論もありますし、聖徳太子没後一〇〇年の間に後世の手が入ったことも想定されます。〔第十二条の論考参照〕

また、「憲法十七条」が実在した証拠がないという説もありますが、その点については、斑鳩宮《いかるがのみや》に残されていたであろう「憲法十七条」の草稿あるいは実物が、六四三年に上宮《じょうぐう》王家《おうけ》一族の滅亡とともに灰燼《かいじん》に帰したのではないかとも考えられます。

仮に偽作とするのであれば、なぜ「憲法十七条」を生み出す必要があったのかが問われるところです。一般論として、七二〇年に奏上された『日本書紀』というわが国の正史に「憲法十七条」が全文収載されているということは、八世紀初頭の天武天皇《てんむてんのう》や藤原不比等《ふじわらふひと》など当時のリーダーが、天皇制と官僚制の進展による国内統治の必要性から、「国家のあるべき姿」として「聖徳太子の時代から憲法十七条によって統治されている文化国家であること」「七世紀初頭推古朝から遣隋使外交をはじめとする独立国家であること」を国内外に示す必要があったからであろうと推測されています。

「憲法」の意味と、「憲法十七条」味読のすすめ

この「憲法十七条」がいわゆる「憲法」であるかについては、諸々《もろもろ》の見解があるようです。一般的には、「憲法十七条」は政治を行う者に対して政治の心構えを説いた政治道徳的性質のもので、正確にいえば法としての憲法ではないとされています。しかし、当時としては、現代のような司法・行政・立法の三権分立を基本とした法制度下における憲法の概念など考えられるはずもなく、ここは「てほん」としての「憲」、「みち」としての「法」という意味で「憲法」と称したであろうことを、素直に受容すればよいと思います。重要なことは、「憲法十七条」の内容が現代の日常に生きるわれわれにとって意義あるものであるかそうでないかということでありましょう。

「憲法十七条」の名前を聞いたことがないという人はまずいないでしょう。そしてまた、第一条の「和《わ》を以《もっ》て貴《たっと》しと為《な》す」や、第二条の「篤《あつ》く三宝《さんぼう》を敬《うやま》え。三宝とは仏・法・僧なり」という条文は誰しも耳にしていることでしょう。十七条にわたる条文はおおよそ提唱・注釈・結論の三段落で構成されており、日本人好みのリズムと簡潔さ、そしてなによ

りも人間の実相《じっそう》を凝視した深い呻吟《しんぎん》は、長く日本思想の源流として讃《たた》えられてきました。

しかし、周知の「憲法十七条」でありながら、第一条・第二条の冒頭の句以外の条文を知る人はほとんどいないと思われます。また条文の内容は、当時の官僚・貴族にとっても、また現在のわれわれにとっても必ずしも易しい内容ばかりではありません。さらに、『日本書紀』に登場して以来、南北朝時代・江戸時代・明治維新・戦前・戦後と時世時節《ときよじせつ》に相応した解釈がなされており、時には曲解《きょっかい》されて伝えられたこともありました。その注釈書・解説書は実に数多《あまた》存在しています。

ただ、従来の注釈書・解説書の多くは、あまりにも仏教的あるいは学術専門的に偏《かたよ》った難解なものが多く、日常生活を懸命に過ごしている市井《しせい》の民の立場で書かれたものはほとんどありません。その理由の一つは、「憲法十七条」が〝聖人・聖徳太子〟の手によるものとしてとらえられていることにあります。

そこで本稿では、〝聖徳太子実在説・虚構説〟および〝聖徳太子真作説・偽作説〟とは一線を画し、純粋に「憲法十七条」の条文そのものに焦点を当てて、現代に生きる一凡夫《いちぼんぷ》の立場から論考を試みたいと思います。本章は、条文を読み下し文とし、訳、注釈を施《ほどこ》し、さらに条文の内容に関連した個人的論考を加えて構成しています。

本章　凡夫のための「憲法十七条」

第一条　和を以て貴しと為す

一に曰《いわ》く、和《わ》を以《もっ》て貴《たっと》しと為《な》し、忤《さから》う無《な》きを宗《むね》と為《せ》よ。人皆党《とう》有り、亦達《またさと》れる者少《すく》なし。是《ここ》を以《もっ》て、或《ある》いは君父《くんぷ》に順《したが》わず、乍隣里《またりんり》に違《たが》う。然《しか》れども、上和《かみやわ》らぎ、下睦《しもむつ》びて、事《こと》を論ずるに諧《かな》えば、則《すなわ》ち事理《じり》自《おの》ずから通ず、何事《なにごと》か成《な》らざらん。

〔訳〕第一条。人においては心の通い合う〈和〉の精神が非常に大切であり、むやみな争いごとが起きないように人と和することを第一としなさい。人は皆、煩悩《ぼんのう》や執着《しゅうちゃく》にとらわれて無明《むみょう》（根本的無知：真理に目覚めることができない心の状態）であり、よくよく悟った人は少ない。そのため、社会では主君（あるいは組織の長）に逆らったり、家では父（あるいは母）に従順でなかったり、また近所では隣人と仲違《なかたが》いしたりする。けれども、老人から子供まで、あるいは先輩から後輩まで、あるいはまた上司から部下まで、みんながお互いに和やかな心で親しみをもって論じ合えば自ずと道理が通じ合い、どんなことでも解決できないものはないであろう。

日本人と〈和〉の精神

本条は、人が生きていく上で〈和〉の精神ほど大切なものはないと説いています。「憲法十七条」の根幹となるもので、「和を以て貴しと為す」は広く人口に膾炙《かいしゃ》した名句といえましょう。第一条の冒頭に置かれた〈和〉は、〝第一義〟つまりすべてに超越する価値あるものとされ、これ以降日本精神の基《もとい》として日本および日本人を象徴する語となっていきます。

〈和〉にはさまざまな字義がありますが、単なる従順や付和雷同《ふわらいどう》とは異なる〝誠のこころの通い合い〟という深意が含まれており、『論語』「子路《しろ》第十三」にいう「和して同ぜず」―〈道理に従って仲睦《なかむつ》まじくするが、道理に合わないことに対してははっきりと意見を言い、むやみに賛同することはない〉は、和の深意を明《あき》らめた（明らかにした）句といえましょう。

ところで、日本人は古《いにしえ》より単一民族とされてきましたが、日本国家として統一される以前のこの列島には、ヤマトを根拠とする民族、後世に琉球《りゅうきゅう》王朝を開く民族、隼人《はやと》、蝦夷《えみし》、アイヌと呼ばれた民族などの集団が存在し、それぞれに個性豊かな地域社会を形成してきたことは周知の通りです。陸奥《みちのく》が日本国として統一されたのは奥州《おうしゅう》藤原氏が滅亡し源頼朝《みなもとのよりとも》の支配下に入った時であり、さらに、琉球《りゅうきゅう》王朝や北海道が日本国に包括されたのは明治になってからのことです。このことから、日本が有史以来変わることなく「単一《たんいつ》の国家・斉一《せいいつ》な民族」であったとされる〝常識〟は、今や否定されつつあります。[5]

しかし、古代より海や川を通して文化が交流する中で七世紀後半から八世紀初頭に「日本」が誕生し、逐次《ちくじ》国家としての体裁《ていさい》を整えながら統一国家を目指していったことはまぎれもない歴史であり、海を隔てた外国とは明らかに異なる民族思想を一つに融合《ゆうごう》させていったことも間違いないことです。この日本という国家が一つに融合され統一されていく過程において、日本精神の基《もとい》となった〈和〉は常に根幹に存在するこころであったでしょう。

日本における統一過程は、多少の例外はあるものの、中国の歴史にみられるような前王朝絶対粛清《しゅくせい》のごとき治乱興亡《ちらんこうぼう》とは趣を異にしており、責任者が腹を切れば残ったものは相対的に許される歴史を培《つちか》ってきました。古《いにしえ》より日本に住んでいた多様な民族が、狭い国土の中で互いを許しあい認めあいながら暮らしていこうという願いを現実的なものにする上で、〈和〉は必然的に認容《にんよう》された思想であったと思われます。

「忤」とは、一揆のようなもの

「和《わ》を以《もっ》て貴《たっと》しと為《な》し、忤《さから》う無《な》きを宗《むね》と為《せ》よ」は対句であり、したがって〈和〉と「忤《ご》」が対になっていることが大変重要なポイントになります。「逆」という字は「相手が正しかろうが間違っていようが、すべてに逆らう」というのに対して、この「忤《ご》」の字には「邪悪なものに抵抗して、自ら守る」[6]という意味が含まれています。例えていえば、悪政下で蜂起《ほうき》せざるをえなくなった一揆《いっき》のようなものです。本条の「忤う無きを宗と為よ」とは、一般的には人と仲良くし互いに争わないことを重んずることとされますが、単に人に従順たれということではなく、相手に道理や人徳がなく邪悪な場合に立ち向かうことを決して否定してはいません。したがって、本句ではむしろ、一揆のような反抗が起きないように常日頃から適切な対応を心がけるとともに、〝自ら慎む〟ことも大切だと理解するのがよいでしょう。

一方、相手の言動が義（人として行うべき正しい道／物事の道理に適《かな》うこと）や徳（すぐれた品性や人格）から外れているならば、はっきりと〈義〉や〈徳〉を説いて〝自ら人の道に背《そむ》かないようにせよ〟と忠告し争いを未然に防ぐことが求められます。それは、道理に合わないことに対してははっきりと意見を言い、むやみに賛同することはないという「和して同ぜず」の〈和〉の趣旨とも連動しています。

「党」の意味は、無明ということ

「党」は多くの注釈書において「たむら」と読み、徒党・党派をつくる意味に解されています。『論語』には、「述而第七《じゅつじ》」に「君子は党《とう》せず」（優れた教養と高い徳を具《そな》えた人格者は朋党《ほうとう》をつくらない、利害だけを目的として徒党を組まない）[7]とした句があって党派や仲間の意に解せられる箇所がありますが、「里仁第四《りじん》」には「人の過《あやまち》や、各々其《おのおのそ》の党《とう》に於《お》いてす。過《あやまち》を観《み》て、ここに仁《じん》を知る」（人の過失にはそれぞれ癖がある。過失のありようでその人物がわかる）[7]という成句があって、ここでは党派・仲間とはまた違った意味で党の字が使われています。

元来「党」の旧字は「黨」であって、「黒」の字が含まれていることから「黒色が日月を覆《おお》って光がない。覆われて鮮明でない意」[1]があり、「人皆党あり」は（人は皆煩悩《ぼんのう》や執着《しゅうちゃく》にとらわれて無明《むみょう》である）と解することもできます。要するに、人というものは煩悩に迷い、執着に悩まされ、やがては過《あやまち》を犯す者も出てくるということです。むしろそのように解することで次句の「達《さと》れる者少なし」に抵抗なくつながりますし、文章の流れも自然であると思われます。

「憲法十七条」と「四書五経」

ちょっと話は変わりますが、儒教の代表的な経典《けいてん》に「四書五経《ししょごきょう》」というものがあります。「四書《ししょ》」とは『論語《ろんご》』『大学《だいがく》』『中庸《ちゅうよう》』『孟子《もうじ》』のことで、「五経《ごきょう》」とは『詩経《しきょう》』『書経《しょきょう》』『易経《えききょう》』『春秋《しゅんじゅう》』『礼記《らいき》』のことです。

古代中国ではもともと「五経」が重要視されており、日本にも「五経博士《ごきょうはかせ》」が多く渡来したことが歴史史料上に散見されます。一方、「四書」は中国宋《そう》代の朱子《しゅし》による提唱説が一般的で、もともと『礼記』の中の一篇であった『大学』および『中庸』を別に取り出し、これを『論語』および『孟子』と組み合わせて「四書」としたものです。その中で、孔子《こうし》とその弟子たちの言行録である『論語』は、中国思想が生まれた当初より重要な経典とされてきました。「憲法十七条」の条文には、これら経典をはじめとする漢籍《かんせき》を典拠《てんきょ》とする箇所が数多くみられます。

〈和〉の基本は「斉家」にあり

「斉家」の根本は「夫婦」にあり――「一屋二鶴」

〈和〉の基本は「斉家《せいか》」（一家を斉《ととの》え治めること）にあり、斉家の根幹は「夫婦」にあります。夫婦を核として、双方の両親、子供、兄弟姉妹、そして親族、さらには社会へと人間関係は広がり、これらの関係において〈和〉を活かすことが求められます。

「安直《あんちょく》に幸せになる方法は、散髪に行って居眠りすることだ。もうちょっと幸せになる方法は、家を新築することだ。一生涯幸せになる方法は、よき配偶者に恵まれることだ」と言った人がいますが、夫婦が和するほど幸せなことはありません。昔は「夫唱婦随」といい今は「婦唱夫随」ともいうようですが、いずれであるにせよ夫婦が各々の役割をしっかりと果たして、お互い信頼を得ることが基本になります。よく職場や公共の場で声高《こわだか》に天下国家や立派なことをのたまう人がいますが、天下の本《もと》は国にあり、国の本は家にあり、家の本は自分自身にあります。自分の奥さんあるいは旦那さんから信頼されてもいないのに、偉そうなことを言ってもはじまりません。しかし、現実にはそのような御仁《ごじん》が結構多いように思います。

常に感謝の気持ちを忘れずに〝いい夫婦〟であることが幸せの第一歩です。その夫婦円満の特効薬は、やはり配偶者の人格を尊重した上での〝我慢〟と〝お互いをみつめる眼〟ではないでしょうか。「一屋二鶴《いちおくにかく》」ということばを昔聞いたことがあります。一つの狭い家屋の中で二羽の鶴が同時に羽を広げたら傷をつけあうことになります。狭い家屋の中で一羽が羽を広げたら、もう一方の鶴は羽をおさめればよいのです。しばらくして、相手が羽をおさめた時に自分が羽を広げるようにすれば、お互い傷をつけあうことはありません。時には、一つ屋根を飛び出して羽を伸ばし、二羽仲良く大空を舞うのもよかろうと思います。

永年連《つ》れ添《そ》った夫婦であっても、冷たくみれば亭主や女房に不満があるかもしれません。しかし、温かくみればなんともありがたく思えるものです。例えば、妻の作ってくれる手料理は、世界で夫あるいは家族だけのためにあるのです。こんなありがたい食べ物がどこにあるでしょうか。たとえ陋屋《ろうおく》（粗末な家）に住もうとも、妻《つま》手作りの煮転《にころ》がしや妻の漬けた香の物で食べるお茶漬《ちゃづ》けには、至高かつ究極の味があるではありませんか。お互いをみる眼の温かさ・冷たさが、夫婦晩年の幸・不幸の分かれ道となるのです。

「父性」と「母性」と親子の〈和〉

次に、子供にとって、厳しさの象徴である「父性《ふせい》」と優しさの象徴である「母性《ぼせい》」の両方が必要なことはいうまでもありません。子供が寂しい思いをしている時は母性の慈愛《じあい》が必要とされ、子供が悪いことをした時は父性の叱責《しっせき》が子供の正しい成長を促しますが、一方で母性の優しさに溺《おぼ》れると子供はダメになりましょうし、また父性の厳しさばかりでも素直に育たないといわれます。

また近年は、父性と母性以外に「友達みたいな親子関係」が望ましいとされる風潮があります。もちろん、父と子あるいは母と子が仲良きことは微笑《ほほえ》ましいことではありますが、多くの場合「友達みたいな親子」が演じられているだけで、根底にあるべきはずの「尊敬」や「信頼」というものが置き去りにされているように感じられます。はたして子供は親に対して尊敬の念を抱いているのか、親を信頼しているのか。そこにこそ親と子の〈和〉の本質が横たわっているのではないでしょうか。「うちの子は全然親の言うことを聞かない」とよくいわれますが、まずは親自体が子供から尊敬され信頼されているかが問われましょう。本来、子供というものは親の言うことを聞かなくとも「親のするとおりにする」ものなのです。父親が毎晩即興的《そっきょうてき》なテレビ番組をみるだけで休日も家でゴロゴロしているか、あるいは思いのままに享楽《きょうらく》に耽《ふけ》るばかり、母親も夫の悪口を言っては知人と遊んでばかりでは尊敬や信頼から程遠く、その状況で子供に何を言っても言い争いになるか無視されることはわかりきっています。

さらに、現在の厳しい競争社会の中で働く父親や母親は仕事や付き合いに追いまわされ、家庭は父親不在あるいは母親不在となりがちです。そして多くの親たちは、家庭サービスと称して子供をテーマパークに連れて行ったり、ファミリーレストランで食事をしたりして点数稼ぎを試みるのです。あるいは、子供にせがまれるままにゲーム機やスマホなどを買って、子供に満足を与えることで自《みずか》らを許しているのです。確かに家族水入らずで仲良く過ごすことは望ましいことではありますが、しかしこのようなサービスやもので満足を与えるだけでは、尊敬や信頼を根底とした親子の〈和〉が成り立つとは到底思えません。現に、わが子がゲームやスマホ依存に陥ったり悪の誘いに引き込まれたりする前に適切な対応をせず、事が起こってから責任を他人に転嫁《てんか》する親の無責任さが問われています。ここには本来の〈和〉の姿はありません。

親子の〈和〉──行動の主体は親にあり

この底の浅い環境を改めて、活きた親子の〈和〉を斉《ととの》えるヒントとなるものが、「子供を立派に育てる十カ条」〔林田勝四郎：インターネットより一部改訂〕にみられます。

一．親は一生を貫く仕事を持つことです。
一．親は常に感謝の念を忘れぬことです。
一．親は子供に嘘をつかぬことです。
一．親は他人の生活を羨《うらや》まぬことです。
一．親は他人の短所を言わず、長所を好んで言うことです。

一．〈親は〉子供が他人をほめる時は好んで聞き、短所を言う時は聞かぬことです。
一．親は好んでわが師・わが親・わが友を語ることです。
一．親は少なくとも月一回は、親・師に便りを出すことです。
一．親は少なくとも週一回は子供の勉強を見ることです。
一．親は月一冊の教養書を読むことです。

以上の条文すべてをそのまま受容することにはいささか抵抗があるかもしれませんが、非常に特徴的なことは、この十カ条の対象は「子供」でありながら、行動の主体はすべて「親」にあるということです。サービスやゲーム機やスマホを与えるだけで満足している「親」に重大な責任があるということです。

子供と本当に〈和〉するためには、まず親自らが普段から切磋琢磨《せっさたくま》して子供の尊敬や信頼を根底に得ておく必要があります。子供たちは、父母の男性あるいは女性としての人生をみつめながら、自分たちの男性あるいは女性としてのあり方を身につけていくものなのです。そして、子供たちはその両親を敬愛する心を拡めて、やがて社会の万人《ばんにん》・万物《ばんぶつ》に応じていくようになるのです。そういう「親」に自らなることが大切でしょう。

ちょっと「斉家」から離れますが、「友達みたいな先生」というのも同様です。最近の教師は、生徒との間に友達や兄弟のような関係を築くことを最優先しているように見受けられますが、表面的に友達みたいな関係を築くだけで教育が成り立つとは思えないのです。教師と生徒の間に尊敬や信頼の念があってこそ、真に親しい師弟関係の醸成《じょうせい》や正しい教育が可能でしょう。教師もまた自ら切磋琢磨して、生徒に〝わが人生〟を語ることです。それが、魅力的な教師の姿ではないでしょうか。授業の技術を磨くことに熱心なのは結構なことですが、事《こと》の本質ではあるまいと考える次第です。

わが親との〈和〉は、「慈愛」と「孝敬」

さて次に、わが親との〈和〉に関してどのように考えるか。本来他人であった夫婦の和が「親愛」であるとすれば、血のつながった親子の和は「慈愛《じあい》」と「孝敬《こうけい》」であるといえます。この夫婦の和と親子の和のいずれが人間の深い心を生み出すかが問われることもありますが、これは同じ土俵で比較されるべきものではないでしょう。結婚する年代まで育《はぐく》んでくれた親の慈愛と親に対する孝敬が人間の深い心の中核となり、夫婦の絆《きずな》で結ばれた親愛がそれを内包して人の心をさらに広く深くしてゆきます。

それは、脳における古皮質《こひしつ》が新皮質《しんひしつ》に被《おお》われる関係にも似たものでありましょう。古皮質は大脳皮質《だいのうひしつ》の内側にあり、情動（怒り・悲しみなど）や、素朴な快・不快、満足・不満足の意識、性・食といった本能行動などを司《つかさど》っています。一方新皮質は、古皮質を被《おお》って大脳半球《だいのうはんきゅう》の最外層にあり、ヒトでは特に発達しています。この新皮質は、視覚・聴覚・言語・味覚・嗅覚および運動の中枢で、また高度な精神作用を営んでおり、古皮質・新皮質の双方が相俟《あいま》って〝人間性〟が発現されるのではないかと考えられています。

とまれ、親との〈和〉に関して一番大切なことは、それまで与えてもらった慈愛に対して孝敬のこころで応えることでありましょう。その親が人生において最も華やかであった時代、あるいはその親の心の拠《よ》り所となっているものを核として関わっていくことが大切です。

「孝」について

さて、親との〈和〉に関して現実の生活を考える時、「同居《どうきょ》」「独居《どっきょ》」「施設《しせつ》」などの選択がありますが、親が元気な間は周囲や既成の価値観にこだわることなく、親の好みに応じた形で生活してもらうのがよいと思います。

一般的に年老いた親と同居することが「孝」であるとしても、時として親子双方にわがまま勝手が出ることもあります。毎日が喧嘩や不平不満ばかりで思いのままにならぬ老境を悲嘆するような環境にあっては、同居することでかえって「孝」とかけ離れた関係に陥ってしまうことにもなりかねません。時に、〝刃傷沙汰《にんじょうざた》〟に及ぶことも報道で見聞《けんぶん》するところです。

仮に独り暮らしであるとしても、「想い出が詰まった家で生活する」ということは自分を大切にして生きるということにほかなりませんし、また、独居や施設での生活を基本としながらも、気ままな旅行気分で子供の家庭を巡る期限付き同居を試みるのも楽しいことではないかと思われます。いずれにしろ、元気な間は親の価値観で過ごしてもらうのが本当の「孝」ではないでしょうか。もちろん、なんらかの事情で独り暮らしができなくなれば、その時は改めてその親に相応《ふさわ》しい環境を再考しなければなりません。

もう一つ、「孝」について思うことがあります。

儒教の経典《けいてん》『孝経《こうきょう》』に「身体髪膚之《しんたいはっぷこれ》を父母《ふぼ》に受《う》く。敢《あ》えて毀傷《きしょう》せざるは孝《こう》の始《はじ》めなり」という一言があります。自分の体は、手足をはじめ毛髪や皮膚に至るまで、すべて父母および祖先より受けていないものはありません。したがって、父母および祖先の分身として大切にしなければならないと戒めています。しかるに、体の部位をかまわずにピアスを付けたり、刺青《いれずみ》を彫《ほ》りつけたりしている者をみかけます。当人は、〝かっこいい〟〝これが俺の（私の）個性だ〟などと思っているのでしょうが、外面《そとづら》を飾るばかりではなく、それ以上に内面である〝こころの充実〟に意を用いたいものです。

さらに、毀傷《きしょう》とは単に肉体を傷つけるのみならず、悪行《あっこう》を為《な》して恥辱《ちじょく》を蒙《こうむ》ることも父母を悲しませることになります。不心得《ふこころえ》な所行《しょぎょう》を為さずして親の心を安んずるもまた「孝」というべきでありましょう。

「和敬清寂《わけいせいじゃく》」、お互いが和やかに仲良く敬いあうことが心を安んずることになります。そして、個々の家が正しく斉《ととの》って安んじているところに生じる心が、やがて国の平和や世界の平和に思いを致す心となります。それが、「以和為貴（和《わ》を以《もっ》て貴《たっと》しと為《な》す）」とする所以《ゆえん》ではないでしょうか。

第二条　篤く三宝を敬え

二に曰《いわ》く、篤《あつ》く三宝《さんぼう》を敬《うやま》え。三宝《さんぼう》とは仏《ぶっ》・法《ぽう》・僧《そう》なり。則《すなわ》ち四生《ししょう》の終帰《しゅうき》、万国《ばんこく》の極宗《ごくしゅう》なり。何《いず》れの世、何《いず》れの人か、是《こ》の法《のり》を貴《たっと》ばざる。人、はなはだ悪《あ》しきは鮮《すく》なし、能《よ》く教《おし》うれば従《したが》う。其《そ》れ三宝に帰《よ》らずんば何《なに》を以《もっ》てか枉《まが》れるを直《ただ》さん。

〔訳〕第二条。篤《あつ》く三宝《さんぽう》を敬うように。三宝とは仏《ぶっ》・法《ぽう》・僧《そう》である。仏法は生きとし生ける一切衆生《いっさいしゅじょう》の究極のよりどころ且《か》ついのちの根源であり、それ故《ゆえ》にまたすべての国の究極の教えでもある。いずれの世、いずれの人でもこの仏法を貴ばないことがあろうか。そもそも人として救いようのない極悪人《ごくあくにん》はめったにいるものではない。したがって、よく教え導けば必ず立派な心の持ち主となる。三宝によらなかったらいったい何によって邪《よこしま》な心を正すことができましょうか。

〝南無三！〟とは

本条は、仏教を崇拝する方法論として仏・法・僧を敬うことを勧めています。第一条で「人皆党《とう》有り」というように、多くの人は煩悩《ぼんのう》や執着《しゅうちゃく》にとらわれて悶々《もんもん》としていますが、三宝に帰依《きえ》することで邪《よこしま》な「党」を去り、心の迷いがなくなる安心《あんじん》を得られるということでしょう。そして、仏・法・僧の三宝を敬うことは、第一条の〈和〉を致すための手段でもあります。

仏教では数字を含んだ熟語がよく用いられています。なかでも「三」に関わることばには比較的よく知られているものが多いようです。

仏教の聖典《せいてん》である「三蔵《さんぞう》」は、経蔵《きょうぞう》（仏の説法《せっぽう》すなわち経典《きょうてん》を集成したもの）・律蔵《りつぞう》（仏教徒の戒律《かいりつ》を集成したもの）・論蔵《ろんぞう》（経典《きょうてん》の注釈研究を集成したもの）を指しており、[4]『西遊記《さいゆうき》』でお馴染みの「三蔵法師《さんぞうほうし》」は経・律・論の三蔵に深く通じた高僧という意味で名づけられています。

また仏の教えを修行する際の三つのタイプを「三乗《さんじょう》」といい、声聞《しょうもん》（仏の説法《せっぽう》の声を聞いて悟る）・縁覚《えんがく》（声聞《しょうもん》ではなく、みずから自然現象などを観察して縁《えん》によって悟る）・菩薩《ぼさつ》（成仏を目指すもの）があります。[4]

さらに、仏教の実践の根本として、戒《かい》を保ち、禅定《ぜんじょう》（完全な精神統一）を修し、禅定に即する智慧《ちえ》を成就《じょうじゅ》するという三つが教えられており、この戒《かい》・定《じょう》・慧《え》をもって「三学《さんがく》」と称します。[8]

「三宝《さんぼう》」とは、前述のごとく仏・法・僧を指しています。真理に目覚めた人をブッダといい、「仏陀《ぶつだ》」略して「仏」と漢訳します。また、ブッダの悟った真理をダルマといい、その教えを信奉《しんぽう》して修行する者たちの集団をサンガといいます。ダルマの漢訳が「法」であり、サンガを音写した「僧伽《そうが》」の省略形が「僧」なのです。[9]「三宝に帰依《きえ》します」というのを「帰依三宝《きえさんぼう》」あるいは「南無三宝《なむさんぼう》」といい、切羽《せっぱ》詰まった時に〝南無三《なむさん》！〟というのはこれです。

ところで、仏教における精神統一として知られる「三昧《さんまい》」（「ざんまい」ともいう）については、サンスクリット語の「サマーディ」を漢字で写した語であるとされており、これには数の考えはないようです。

四生《ししょう》というのは、胎生《たいしょう》・卵生《らんしょう》・湿生《しっしょう》・化生《けしょう》の四種類の生物のこと、つまり生きとし生けるすべてのものをいいます。ヒトをはじめ獣類《じゅうるい》一般はすべて母胎から生まれるから胎生《たいしょう》、鳥類や爬虫類《はちゅうるい》は卵から生まれるから卵生《らんしょう》、湿気のある場所から発生するかびなどの微生物が湿生《しっしょう》、仏・菩薩あるいは龍などのように超自然的に突然生まれるものを化生《けしょう》といいます。

仏教の根底にあるのは「一切衆生悉有仏性《いっさいしゅじょうしつうぶっしょう》」（生命あるすべてのものはことごとく仏性《ぶっしょう》を有する）であり、この教えがいのちの根源を悟らしめるが故《ゆえ》にあらゆる国の教えとなると、本条では言及されています。その後に続く「人、はなはだ悪《あ》しきは鮮《すくな》し」の根本は、いうまでもなくこの「一切衆生悉有仏性」に則《のっと》っており、すべての人に本来具《そな》わっているはずの仏性に気づいてこころ正しく生きるためには仏・法・僧による教育・教導が必要であると説かれています。

「仏・法・僧」とは「師・志・友」

「仏」とは「人生の師」

道元禅師《どうげんぜんじ》は、わが国の禅宗の一つである曹洞宗《そうとうしゅう》の開祖です。その著書である『正法眼蔵《しょうぼうげんぞう》』の「帰依仏法僧宝《きえぶっぽうそうぼう》」の一節に「仏はこれ大師《だいし》なるがゆえに帰依《きえ》す。法は良薬《りょうやく》なるがゆえに帰依す。僧は勝友《しょうゆう》なるがゆえに帰依す」とあります。

このように道元禅師は、仏教的見地から「仏」「法」「僧」を「大師」「良薬」「勝友」に譬《たと》えて帰依すべきものとされましたが、私は「凡夫」の立場に立脚して「仏」「法」「僧」を「師」「志」「友」に譬えています。

まず「仏」とは、「ブッダ」つまり〝真理に目覚めた人〟であり、大師《だいし》（偉大なる師）であることから、「人生の師」ととらえます。

生涯に人生の師といえる人物に出あえること、そして教化が得られることは実に幸いといわねばなりません。ただし、わが人生をかけて傾倒《けいとう》できる師と出あうためには、己《おの》れ自身が常に師を求めていなければ叶《かな》うものではありません。

「啐啄同機《そったくどうき》」（あるいは「さいたくどうき」）：雛《ひな》が卵の中から殻《から》をつつく「啐《そつ》」と同機に、親鶏（おやどり）が外から殻をかみ破ってくれる「啄《たく》」が相応《あいおう》じて、はじめて雛が誕生する」という禅語がありますが、機を得て両者相応《あいおう》ずるためにはまず己れ自身の「啐」がなければなりません。

「憤《ふん》せずんば啓《けい》せず、悱《ひ》せずんば発《はっ》せず」（弟子がなにか疑問をもち悩みをもち、そのために心がふくれあがった時に、はじめて啓《ひら》きみちびく。また、なにかをいいたくて、しかもうまくいえず、口をもぐもぐさせている時に、はじめて発《ひら》きみちびいてやる）[10]と『論語』「述而《じゅつじ》第七」にもあるとおり、自らが積極的に情熱を持って行動を起こしてこそ初めて師の啓発《けいはつ》と相応《あいおう》ずることができるのです。

仮に、現世《げんせ》で人生の師と出あえなくとも、先哲の書つまり「古典」を繙《ひもと》くことによって私淑《ししゅく》する師と出あうことができます。ちなみに、この「私淑《ししゅく》」という熟語は、『孟子《もうし》』「離婁章句下《りろうしょうくじ》」にある「予私《われひそ》かに諸《これ》を人に淑《よ》くするなり」を典拠《てんきょ》としています。孟子《もうし》は遅く生まれたため孔子の直接の弟子にはなれなかったのですが、ひそかに孔子の遺徳を学んで身を修めたという意味から、「私淑」の対象は〈既に亡くなっている先生〉を指すのだと指摘する人もいます。

科学技術の先進性を重んじる現代では、過去の歴史や古典などは古いもので現代には通用しないとみる向きがありますが、人としての普遍的《ふへんてき》なテーマである〈生と死〉や〈いかに生きるべきか〉といった問題は、先学（学問上の先輩）たちが取り組んだものであり、未来にわたって問い続けられる問題でもあります。古典の中には、それら先学たちが取り組んだ叡智《えいち》の結晶や真理が満《み》ち溢《あふ》れており、それを読みもしないで蔑《ないがし》ろにすることは目前の宝物をみすみす棄て去るようなものです。

巷《ちまた》に書籍は氾濫《はんらん》していますが、現在の作品で歴史とともに残るものがいったいどれほどあるでしょうか？　なんらかの賞に輝いたベストセラーであっても、恐らく数年後にはほとんどが忘れ去られているでしょう。そのようなものを読むのは、壮《そう》から老《ろう》に向かいつつある私（既に老境に入った私）にとって時間の浪費であり、それよりも長い歴史の中で変わらずに読み継がれてきた古典や先哲の著述を読み直すほうがはるかにタメになるし、そもそも読んでハズレがありません。

敬すべき人生の師あるいは良書を得ることが、「三宝」その一と心得る次第です。

「法」を求める志──「人生の志」を立てる

次に、「法」とは「ダルマ」つまり〝仏陀《ぶつだ》の悟った真理〟であり、天然自然の道理（天理）であることから、人生のあり様《よう》を見究《みきわ》める上での拠《よ》り所《どころ》となり指針となるものといえます。それは、病を得た時にすがる良薬（最良の薬）のごとく、また道を見失った時に夜空にひと際《きわ》輝いて指針を示す北辰《ほくしん》のごとく、迷えるわれら「凡夫」を導いてくれるものといえましょう。釈迦は若くしてこの真理を求めることを志《こころざ》し、ついに悟りを得るに到ったのです。

人生においては、いついかなる場合でも「わが人生はこうありたい」と願う一念が大切です。自由な生き方が許されている現代においては、人は己《おの》れが思う人生を歩むことが可能であり、少なくとも己れが思わない人生を忌避《きひ》することができるはずです。

したがって、「こうありたい」と願う一念を持たない者は、その日その日を流されて生きるという存在でしかなく、それ自体もう既に活き活きとした人生を放棄《ほうき》したる者といってよろしいでしょう。育ちがどうであるとか、過去がどうであるとか、環境がどうであるとか愚痴《ぐち》っているのではなく、今からどうするのだということが前面に出なければなりません。その一念が「志《こころざし》」といわれるものであり、たえず心に志を持つことが活《い》き活きと生きる源泉となるのです。

それは人生の目標となり、一年の目標となり、一ヵ月の目標となり、今日は何をするのだという一日の目標として具現化《ぐげんか》されます。志がなければ、一年の目標もなく、一ヵ月の目標もなく、今日一日もただなんとなく流されるままとなりましょう。源泉が滾々《こんこん》と湧《わ》き出ていれば清らかな水により万物は活かされますが、源泉のない沼池《しょうち》にただ浮游《ふゆう》しているままではやがて朽《く》ち果《は》てるだけです。

また、人には人格というものが具《そな》わっています。この人格の働きは周囲への感化として影響し、そこでは人格の偉大さが感化の偉大さと比例すると思われますが、その人格の根底にあって人格を高めるものこそ「志」でなくて何でありましょう。志こそがその人の人格を決定し、その人の生涯を導くのです。その「人生の志」は、真剣にわが人生を考えることから生まれます。煩悩や執着多き人生に真っ向から取り組むことが起点となって構築されます。その時に指針となってくれるものが「法」（天理・真理）であり、この法を拠《よ》り所《どころ》として志を立てることが人生を意義あるものに導いてくれるのです。

人生の志を立てること、これが「三宝」その二であると心得る次第です。

共に道を往く「勝れた友」

次に、「僧」とは「サンガ」、つまり〝修行する者たち〟であり、共に修行の苦しみを乗り越えようとする勝友《しょうゆう》（勝《すぐ》れた友）のことです。それは、共に道を往《ゆ》く心強い「人生の友」たるべき人であります。

王陽明《おうようめい》の『伝習録《でんしゅうろく》』「中：聶文蔚《じょうぶんい》に答ふ」に「天下之《これ》を信《しん》ずるも多《おお》しと為《な》さず、一人之《これ》を信《しん》ずるも少《すく》なしと為《な》さず」とあります。つまり、〝多数の俗人の評価などはどうでもよいこと。自分というものを本当に認めてくれる一人の友人がおればそれで十分である〟ということです。人生の師に出あうことはなかなかに難しいことですが、このような人生の友に巡りあうこともまた易しいことではないでしょう。

また『論語』「季氏《きし》第十六」によれば、交わって益となるのに三種の友がおり、損をするのに三種の友がいるとあります。「直《なお》きを友とし、諒《まこと》を友とし、多聞《たもん》を友とするは益なり」。つまり、〝正しいと思うことを直言し、自らも直行する人物／誠実で正直な人物／見聞が広く博識な人物〉を友とするのは有益であると。これらの人物を友とすることで、自らも成長できるでしょう。

これに対して「便辟《べんぺき》を友とし、善柔《ぜんじゅう》を友とし、便佞《べんねい》を友とするは損なり」。つまり、〈人に迎合《げいごう》し媚《こ》び諂《へつら》うような人物／人当たりがよいだけで誠実さに欠ける人物／口先ばかり達者で誠実さに欠け、ご機嫌取りに走る人物〉を友とするのは損失であると。これらの人物を前にした時は、それを反面教師としてわが身を振りかえることが大切でしょう。

このように「友」といってもいろいろあるわけですが、共に助け合いわが人生に頼りとなる友はなんといっても学に志す友でありましょう。糸は青に染めれば青となり、黄色に染めれば黄色となります。用いる染料が変われば仕上がる色も変わるように、周囲にいる友の善し悪しによって運命が左右されることも多々あります。

人生の師とともに忘れてならないのが人生の友を得ることであり、これが「三宝」その三と心得る次第です。

「運命」と「立命」

さて、人生のあり様《よう》を考える時、人はよく運命だから、宿命だからといってすぐに諦《あきら》めてしまう傾向があります。この「命《めい》」といわれるものは、一字を冠することで「宿《しゅく》命《めい》」「運命《うんめい》」「知命《ちめい》」「立命《りつめい》」などの違いが生まれます。

太陽が東から昇り西に沈み、人は生まれてやがて死んでいきます。これは人為《じんい》で変えられるものではなく、これを「宿命」といいます。多くの人は陥った運命に埋没《まいぼつ》し流される時、これを宿命として諦めますが、本来宿命と運命とは同じではありません。「運命」とは、いってみればその人のその時の環境でしかありません。「運」は〝動く〟のであり、その時の環境もまた変化していきます。

確かに人は両親の下《もと》に生まれ、その環境に対しては受身であり、それは一つの定まった命といえましょう。けれども、人は心の持ち方で環境に対して働きかけることができますし、その結果環境を変えることも可能となります。どのような育ちであるとか、どこの学校を卒業したとか、どこの会社に就職したとか、どのような人と結婚したとかいうのは一つの「運命」です。その運命は運命として受容し、その上でこれから自分の力でどのように展開させていくかとする生き方が「立命」であり、その自分のあり方を知ることを「知命」というのです。

このように、人生においては変わるものと変わらないものとがあります。自分の過去を変えることはできませんが、自分の将来は自分次第で変えられるのです。この「運命と立命の学」は、陽明学の権威とされ、また「平成」の元号の考案者としても知られている安《やす》岡正篤《おかまさひろ》師がうち樹《た》てた教学《きょうがく》の一つですが、まさにわれら「凡夫」にとって刺激的なる声《しょう》聞《もん》といえましょう。

命を立てるのは己れ自身

「仏」「法」「僧」つまり「師」「志」「友」は、人生を支える柱となるものです。「志《こころざし》」を仰《あお》ぎみて、偉大なる「師」や勝れた「友」と道縁《どうえん》を結び、わが人生を創造していくこと、立命していくことこそ、大安心《だいあんじん》に必要不可欠なものであります。

自分の命《めい》がいかなるものかを知り、それを毎日の生活の中でどのように活《い》かしていくか。運命に流されて生きるか、立命に生きるか、それによって人生は大きく変わってきます。背が低かろうが、頭の形が悪かろうが、顔がどうであろうが、髪が白かろうが少なかろうが、そのような表面的な劣等感にとらわれているくだらない時間はありません。そのようなものはさっさと放下《ほうげ》して（投げ棄てて）わが志に向かって進むこと、運命の中から立命すること、それが肝要です。それも早く着手しなければ、短い一生が何もしないうちに終わってしまうでしょう。

命《めい》を造《つく》る者《は》天なり。命《めい》を立《た》つる者《は》我なり

——袁了凡《えんりょうぼん》：『陰騭録《いんしつろく》』——

第三条　詔を承りては必ず謹め

三に曰《いわ》く、詔《みことのり》を承《うけたまわ》りては必ず謹《つつし》め。君《きみ》は則《すなわ》ち天たり、臣は則ち地たり。天覆《おお》い、地載《の》せて、四時《しじ》順行《じゅんこう》し、万気《ばんき》通《つう》ずるを得《う》。地、天を覆《おお》わんと欲せば、則《すなわ》ち壊《やぶ》ることを致《いた》さんのみ。是《ここ》を以《もっ》て、君言《のたま》えば臣承《うけたまわ》り、上《かみ》行えば下靡《しもなび》く。故《ゆえ》に、詔《みことのり》を承《うけたまわ》りては必ず慎《つつし》め。謹《つつし》まざれば自《おの》ずから敗《やぶ》れん。

〔訳〕第三条。詔《みことのり》を承《うけたまわ》る時は必ず謹《つつし》んでその真意を把握しなさい。大君《おおきみ》（天皇あるいは国主）は天であり、臣下（側近）は地である。天がすべてを覆《おお》い、地がすべてを載《の》せて天地の秩序が正されれば、春・夏・秋・冬は正しく移ろい、万物はみごとに生成化育《せいせいかいく》する。もし地たる臣下が天たる大君を覆《くつがえ》すような下剋上《げこくじょう》ともなれば、天下の秩序は破壊され世の乱れとなる。このゆえに、王道を往《ゆ》く大君にしてその言を臣下がしっかりと承り、臣下が人倫の道に背《そむ》かないように政《まつりごと》を行えば、民は自《おの》ずと信頼し靡《なび》き従って国家運営の秩序は保たれる。だから詔を承る時は襟《えり》を正して謹んで受けるがよい。謹んで政《まつりごと》を行わなければ結局は自滅することになるだろう。

仁徳のある「詔」であってこそ、民はなびく

本条は、大君《おおきみ》（天皇）と臣下の関係を天と地の関係によせて国家秩序のあり方を述べたもので、人それぞれの分《ぶん》を弁《わきま》えることの重要性を含んでいます。

「詔《みことのり》」とは、天皇のおことばまたはそれを書き記したもので、本来は国家あるいは国の民を思う〈仁〉のこころから発せられるものです。あるいは詔勅《しょうちょく》ともいいますが、これには詔書《しょうしょ》（議会の召集など国事に伴う公文書）、勅書《ちょくしょ》（天皇の命令を記した公文書）、勅語《ちょくご》（天皇の意思表示のことば）の三形式があるようです。

本条の「詔を承りては必ず謹め（承詔必謹《しょうしょうひっきん》）」の句を、「天皇絶対主義」あるいは「支配者と被支配者間の権力による従属関係の強調」ととらえる見方がありますが、これは誤った断章取義《だんしょうしゅぎ》といえるのではないでしょうか。なぜなら、「憲法十七条」の第一条に「上《かみ》和《やわ》らぎ、下睦《しもむつ》びて、事《こと》を論ずるに諧《かな》えば、則《すなわ》ち事理《じり》自ずから通ず」とみえ、また第十七条にも「事《こと》は独り断《さだ》むべからず。必ず衆と与《とも》に宜《よろ》しく論ずべし」とみえることから、「憲

法十七条」が天皇絶対主義より衆議制を理想としていることが明らかだからです。

ここで、第一条の「忤《さから》う無《な》きを宗《むね》と為《せ》よ」を思い出していただきたいのですが、「忤《ご》」の深意は単に命令に従順たれということではなく、相手に〈徳〉や〈義〉がない場合に立ち向かうことを否定してはいませんでした。その精神からいえば、「詔《みことのり》」そのものが人倫の道に背《そむ》いているようでは本条の訓《おしえ》は成立しないことになります。「君言《のたま》えば臣承《うけたまわ》り、上《かみ》行えば下靡《しもなび》く」ためには、まずは大君《おおきみ》自らが王道つまり人倫の大道《たいどう》を歩まなければなりません。それでこそ仁徳のある「詔」となり、臣も民もこれに靡《なび》くことになります。天覆《おお》い、地載《の》せて、四時順行《しじじゅんこう》し、万気《ばんき》通ずることを得てこそ、民は鼓腹撃壌《こふくげきじょう》するのであって、そこにこそ政《まつりごと》の本質があるといえましょう。

この精神は詔に限りません。国には国法、地方には条例、会社には社訓、学校には校訓、そして家庭にあっては家訓がありますが、その訓《おしえ》が誠の道を示すかぎりにおいて、謹んでこれを遵守《じゅんしゅ》する意義があります。したがって、ここにいう「承詔必謹《しょうしょうひっきん》」は、権力による従属を強調したものではなく、むしろ組織における通達のあり方や心がけを説いたものと受け取るのがよいかと思います。

近年のわが国における「承詔必謹」の一つの例は、いうまでもなく「終戦の詔」でしょう。「堪《タ》ヘ難《エガタ》キヲ堪ヘ忍《シノ》ビ難キヲ忍ビ、以《モッ》テ萬世《バンセイ》ノ為ニ太平ヲ開カム《ン》ト欲ス」（ルビは著者）

の詔を承り、その「承詔」の下《もと》に日本国民がそれぞれに「必謹」して戦後日本の復興が図られたことは昭和の歴史に明らかです。あまりに経済第一主義に偏向したため、それによってゆがめられた教育・倫理など反省すべき点も少なくはありませんでしたが、世界の国々がうらやむ復興を遂げ、国民生活が豊かになった歴史はあなどれません。

造化の妙

本条におけるもう一つの重要句は「四時《しじ》順行し、万気《ばんき》通ずるを得《う》」で、その典拠《てんきょ》は『論語』「陽貨《ようか》第十七」にみえます。

天何をか言わん哉《や》。四時《しじ》行われ、百物《ひゃくぶつ》生ず。天何をか言わん哉《や》。

〔万物の主宰《しゅさい》である天をごらん。天は何をいうか。なにものをいわない。しかし天の運行によって四季は自然に運行し、四季のうつりかわりによってもろもろの生物が、生息する。しかし天は、なにもいわない」[10]

「万気《ばんき》」の「気」は中国思想において自然・化育（天地・自然が万物を生じ育てる）[1]を表す非常に重要なことばです。ごく大雑把《おおざっぱ》にいえば、気というものはたえず流動しているもので、気が集合して質・形・物が生まれ、また散って死となり、よって万気《ばんき》は万物《ばんぶつ》に通じているとされます。この天と地と万物の間には自《おの》ずと秩序が存在しており、気が百変《ひゃっぺん》して百花《ひゃっか》開き、千変《せんぺん》して千草《せんそう》萌《も》え、而《しこう》して万物が生成化育するというわけです。その宇宙の生成化育の根源としてあるのが、「元気《げんき》」なのです。

道元禅師《どうげんぜんじ》は、「春は花　夏ほととぎす　秋は月　冬雪さえて冷《すず》しかりけり」として真面《しんめん》目《もく》（本来そのままの姿）を誦《しょう》しておられます。

四時が自然に運行し、四季の移りかわりによって四生《ししょう》が生息するわけですが、とりわけ冬の寒さの下《もと》、虫は地中で身を縮めて休眠し、桜はつぼみを縮めてエネルギーを蓄《たくわ》えます。その厳しい冬を乗り越えてこそ、虫は啓蟄《けいちつ》に勢いよく地上に現れ、桜は春爛漫《はるらんまん》と咲き乱れるわけですが、暖冬の下で半端《はんぱ》なエネルギーしか蓄えられなかった虫や桜の生命力は、厳冬の下でエネルギーをしっかりと蓄えたそれとは大いに異なるといいます。人の苦労というのも、そうありたいものです。

本来は暑いはずの夏が冷夏であれば、秋の実りに多大なる影響を与えることも周知のことであり、四時が正しく移ろってこそ万気通ずることを得るのです。「春は花に酔い、夏は風に酔い、秋は月に酔い、冬は雪に酔う」（小堀遠州《こぼりえんしゅう》）といった四酔《しすい》の心境にも、「四《し》時《じ》順行し、万気《ばんき》通ずるを得《う》」をそのままに受容し楽しむ真面目《しんめんもく》としてのよろこびが感じられ、改めて天地・自然によって生じ育てられた天地万物の不思議（造化《ぞうか》の妙）に感じ入る次第です。

「民、信なくば立たず」

的確な上意下達は、信頼関係に基づく

「詔《みことのり》」を組織トップの方針ととらえれば、「承詔必謹《しょうしょうひっきん》」は組織における方針伝達の心構えといえましょう。先述したようにトップの方針が道に適《かな》っていることが大前提ですが、その方針を的確に伝達しなければ組織の合理的・効率的な運営は図れません。

しかし、誰しも覚えがあるように、一つの文言を次々に伝えていく伝言ゲームで、伝えたい意図が最後には全く違ったものになっていることがよくあります。聞く能力、伝える能力の問題もありますが、根本的な問題は〝ことばの表す内容や意味をすべての人が同じように受け取らない〟ことです。元来ことばというものは本質や実体の部分的解釈でしかなく、意図する情報をすべての人に正確に伝達することは難しいといわざるを得ません。かの釈迦《しゃか》ですら八万四千の偈《げ》を唱えてもまだすべてを伝えきることができず、「不立文字《ふりゅうもじ》」「教外別伝《きょうげべつでん》」「以心伝心《いしんでんしん》」こそが究極の教えとさえいわれるほどです。

ここで重要なことは、ことばによる伝達の実態を承知した上で謹んで人の話を聴くことです。そもそも〝人の話そのもの〟が必ずしも客観的に「正確」であるとは限りませんし、

こと細かく説明すればするほどに本質から外れていくこともよく経験されることです。情報伝達に際しては、情報受信者は情報発信者の〝真意〟を聴き漏らすことがないように心がけ、そしてできるだけ正しく次なる受信者へ伝えなくてはなりません。

それにしても、上意下達《じょういかたつ》ほど正確に伝わらないものはありません。この上意下達を的確に行う上で根底に必要なもの、それはやはり〝信頼関係〟でありましょう。少なくとも、上司と部下の間に信頼関係が構築されていなければ、的確な情報伝達が行われることなどあり得ましょうか。

政治の根底に必要なものは、国民の信頼

さて、政治のあるべき姿といえば〝民を慈《いつく》しむ〟ことにあり、わが国では国民によって選ばれた議員や官僚あるいは諸役人が為政者の側にあって国政あるいは地方行政に携わっています。その根底に必要なのはなんといっても国民の信頼なのですが、その国民の信頼を裏切る事件・報道が相変わらず多いように思います。

そもそも議員諸氏は、国民の選挙により〝仮に与えられている地位・権力〟であることを忘却しているのではないでしょうか。選挙前は腰を低くして頭《こうべ》を垂れていた人が、当選するなり〝先生〟と呼ばれ、鼻を高くして闊歩《かっぽ》しています。「名士は名士になるまでは

名士だが、名士になったとたん迷士になる」といいますが、名士になるや私利私欲に走る迷士のなんと多いことでしょうか。その目はなぜか民に向かず、自分のために行動しているとしか思えてなりません。

また、国会討論の場において、何か事件が起こると、国民にとっての重要案件をさしおいて事件の追及を第一とし、当該者の追いおとしに意欲を燃やす人がいます。「この世で一番簡単なことは、人を批判することだ」といいますが、そこには自ら小人《しょうじん》たるを暴露している姿しかみえません。国会討論においては、国民にとっていま最も重要な案件が優先されるべきであり、そのための国会議員の地位であり権力であるべきでしょう。

政治の俗っぽさは百も承知してはいますが、国民を無視し民への慈しみを忘れた政《まつりごと》に、国民の信頼が得られるはずはありません。

不信感は、個々の現職議員だけにとどまりません。議会制民主主義の基本である選挙において、党や派閥の人数稼ぎを目的として、政治のいかなるものかを満足に知らない人気だけの者を推薦・公認するという図式が与党にも野党にも広がっています。一般人が政治に関心を持つことは非常に重要なことではありますが、タレント性や知名度だけを武器に票を集めようとは国民を愚弄《ぐろう》するにもほどがあります。もっとも、単純にこれに呼応して投票する国民にも責任の一端はあるだろうと思います。
民を慈しみ、国体を護持《ごじ》する上においては、天皇、大臣、官僚、諸役人それぞれの〝分《ぶん》〟というものが自《おの》ずと定まってきます。各々の分を弁《わきま》えながら国政あるいは地方行政の運営に努めてほしいものです。そのことは、行政の世界だけに限らず企業内においても同様です。社員を慈しまず、権限を行使して会社組織をわがものとする企業人がどうも目に付いてなりません。

『論語』「顔淵《がんえん》第十二」において、孔子《こうし》が弟子である子貢《しこう》に政《まつりごと》を問われて応《こた》えています。政治にとって大切なことは、まず食を足して国民の生活を安定させること、次に兵を足して国防を十分に備えること、さらに、人民を教え導き信義あらしめることであると。そして、やむを得ず捨て去るにおいては、まず武備を捨てよう、次に食を捨てよう、しょせん人は皆死があるものだ。しかし、民に信義・誠がなくなったら、政治も国もあったものではなく、身を立てることすらできないであろうと。これが「民、信無くば立たず」の句で知られている孔子のことばです。〔第九条の論考参照〕
限りある人生において、最後の人間の条件となるものは、信義・信頼・誠であると。もし、親子の間に信なく、夫妻の間に信なく、友との間に信なく、民と政府との間に信なく、従業員と会社との間に信なく、行政も仕事も結婚も信頼に足るものでなければ、民衆生活というものは成り立ちません。誠を尽くさずして離婚に至る、誠を尽くさずして社員をリストラする、誠を尽くさずして国民の信頼を裏切るなどの風潮がみられる現在は、まさに「信無くば立たず」の状態に陥っているのではないでしょうか。人と人との関係において大切なことは、いかに信義・誠を尽くし、いかに信頼を得て正しい道を歩んでいくかでありましょう。

第四条　礼を以て本と為よ

四に曰《いわ》く、群卿百寮《ぐんけいひゃくりょう》、礼《れい》を以《もっ》て本《もと》と為《せ》よ。其《そ》れ民を治《おさ》むるの本《もと》は要《かなら》ず礼に在《あ》り。上礼《かみれい》せずんば下斉《しもととの》うにあらず。下《しも》礼無《な》くんば、以《もっ》て必ず罪《つみ》有り。是《ここ》を以《もっ》て、群臣《ぐんしん》礼有れば、位次《いじ》乱れず、百姓《ひゃくせい》礼有れば、国家自《おの》ずと治まる。

〔訳〕第四条。大臣から諸役人に至るまで、礼することをもって根本の大事としなさい。民を治める根本は必ず礼にある。為政者（一国の政治を動かす人）が礼を重んじなければ民も不礼《ふれい》に倣《なら》って秩序は乱れ、民が礼の心を失ったときは、きっと罪を犯すようになる。このゆえに、公職にある者の間に礼が行われていれば、余計な葛藤《かっとう》が生じることはなく、庶民の間に礼が行われていれば、自《おの》ずと国家は安泰《あんたい》となる。

治国・治人の要諦は〈礼〉にあり

本条は、国を治める要諦《ようてい》が〈礼〉にあることを説いています。しかも、為政者自らが礼を重んじることで庶民にもよい影響を与え、国家が自然に治まると教えるのです。

裏を返せば、礼節の何たるかを弁《わきま》えるべきでありながら、相変わらず〝政治と金〟の問題などで世間を騒がせる政治家や利益第一主義に走る企業家の不礼《ふれい》（礼をもって応対しないこと）[1]が日本人の生き様に影響を及ぼし、また情けなくもそれに倣《なら》おうとする小人物の不礼が現代日本社会の乱れを惹《ひ》き起こしているといって過言ではないでしょう。

「群卿《ぐんけい》」とは多くの公卿《こうけい》のこと、公卿とは高位高官の総称です。今のわが国でいえば、大臣や長官に当たるのでしょう。公卿は「くぎょう」とも読みますが、公卿《くぎょう》の場合は主として位階が三位《さんみ》以上の貴族のことを指しますので、ここでは「多くの公卿《こうけい》」と理解することでいいと思います。

「百寮《ひゃくりょう》」は百僚と同じで百官を意味し、官僚や諸役人などいわゆる公務員に当たる人々を指すものと思われます。また、「群臣《ぐんしん》」とは多くの臣下のことですが、群臣とは別に「百姓《ひゃくせい》」として一般の民を表すことばもありますので、ここでは〝官公吏など公職にある者〟と理解しておきます。

「百姓」は、「ひゃくしょう」と読んで「農民」を意味するとされるのはきわめて日本的な解釈です。石高制《こくだかせい》をとった武士の世に浸透したものではないでしょうか。古典を読む場合は、「ひゃくせい」と読んで「人民。庶民」を意味することに留意したいものです。

『論語』「憲問《けんもん》第十四」に、「己《おの》れを修めて以《もっ》て百姓《ひゃくせい》を安《やす》んず。己れを修めて以て百姓を安んずるは、堯舜《ぎょうしゅん》も其れ猶諸《なおこれ》を病《や》めり」とあります。自己を修養して天下の民を安んずるということは非常なる大事業であり、古《いにしえ》の聖天子といわれた堯や舜でさえも頭を悩ませたほどですが、この「修己治人」が儒教の大きな柱となっています。

自己を節し、相手を敬する

本条はいうまでもなく〈礼〉の尊重を提唱《ていしょう》していますが、そもそも、その〈礼〉とはいったい何でしょうか。『礼記《らいき》』「曲礼篇《きょくらいへん》」には、〈礼《れい》〉について次のような解説があります。

夫《そ》れ礼《れい》なる者は、親疎《しんそ》を定め、嫌疑《けんぎ》を決《わか》ち、同異《どうい》を別《わか》ち、是非《ぜひ》を明《あきらか》にする所以《ゆえん》なり。
礼《れい》は妄《みだ》りに人を説《よろこ》ばしめず、辞《ことば》を費やさず。礼《れい》は節《せつ》を踰《こ》えず、侵《おか》し侮《あなど》らず、好《この》み狎《な》れず。身《み》を修《おさ》め言《げん》を践《ふ》む、これを善行《ぜんこう》という。行《おこない》修《おさ》まり言《ことば》道《けじめ》あるは礼《れい》の質《もと》なり。

〔礼というものは、親しい者と疎《うと》い者との別を定め、ものごとの似たものと疑わしいものとをはっきりとわかち、類の同じものと異なるものを区別し、ことの善し悪しを明らかにするものであって、人がそれらに対してどのようにすべきかを教えるものである。礼というものは、媚《こ》び諂《へつら》ってむやみに人を悦ばせるようなことはしない、また言行一致《げんこういっち》を尊ぶから、必要以上に言語を用いることはしない。礼というものは、程《ほど》よいことを尊んで何ごとにも踰《こ》えることをしない、人を侮《あなど》ることをしない、むしろ自《みずか》らを卑しく人を尊くという精神で対するのである。したがってまた狎《な》れ近づくこともしない。狎れ近づけばつい相手を軽《かろ》んじて、敬する気持ちが薄くなるからである。自己を冷静にみつめ、内面を充実させて、言うことは必ず実行する、これを善行《ぜんこう》という。行いが正しく修まって、言うことは程よい理にかなう、これが礼の基本である〕[11]

そして、人と接するうえでの心がまえを次のように勧めています。

敬《けい》せざることなかれ。儼《げん》として思《おも》ふがごとくし辞《ことば》を安定にせよ。民を安《やす》んずるかな。

〔人は常にうやうやしくつつしむことを忘れてはいけない。すなわち、その態度は心に深く考えることがある時のように、重々《おもおも》しくおごそかに、その言葉遣《ことばづか》いには細かな注意をはらって、正確に。そうすれば人々の心を落ち着け、こちらの気持ちもよく伝わるようになる」[11]

要するに、〈礼〉の本質は、「自己を節し」「相手を敬する」ところにあるということのようです。そして、民を治める大臣や官僚・諸役人がまず率先《そっせん》して礼を本《もと》としなければならないこと、公職にある者が礼を重んじなければ、庶民も秩序を保とうと心がけるはずがないこと、その時は罪を犯す者も必ず出てくるだろうし、やがて家は滅び国も乱れることになると危惧《きぐ》しています。現在日本に蔓延《まんえん》しつつある「不礼」が、まさに日本社会崩壊の先導役となりつつあるように感じているのは私だけではないと思います。

人間関係に必須なものは「敬するこころ」

相手を敬し、己れを敬する

〈礼〉の本質は、前項で述べたように「自己を節し」「相手を敬する」ところにあります。「自己を節する」とは、言い換えれば自己の私欲に打《う》ち克《か》つことであり、それは自己の内面性の充実に結びつきます。また「相手を敬するこころ」が充実し外面に現れて礼儀となり、礼儀によって社会秩序が成り立つと考えられます。深くお辞儀《じぎ》をして挨拶をするという姿は、敬するこころが〈礼〉の形として現れたものです。己《おの》れの私欲に打ち克つ内面性と、〈礼〉に立ちかえって実践する外面性が相俟《あいま》って「克己復礼《こっきふくれい》」といいますが、その根底にあるのは「敬するこころ」であり、この「敬するこころ」こそがよき人間関係に必須なものといえましょう。

ところで、敬する対象は必ずしも〝相手〟ばかりではありません。神社に参拝して深く拝礼を行う時、穢《けが》れを去り清らかな気持ちを求めるのは己れを敬するこころでもあります。「敬するこころ」は「誠」に通じており、相手に対しては「敬」を尽くしつつ自己に対しては「誠」を貫く。言い換えれば、慇懃無礼《いんぎんぶれい》な態度で人と接するよりは、朴訥《ぼくとつ》であっても己れの誠を尽くすという生き方が、昔も今も求められているのです。

親の乱れが、子供の乱れを助長

ところが、最近の報道にみる限り、日本人としてあまりに〈礼〉を軽《かろ》んずる者や無礼者《ぶれいもの》が多くなりました。それは、現代の若者以上に、むしろその親の世代に多くみられる現象です。自分勝手・私利私欲の行動は、親から子へ、先輩から後輩へ、上司から部下へ連鎖しているようです。日本人は本来〝恥を知る〟民族であったはずですが、いつのまにか民族全体のモラル崩壊現象が現れ、社会秩序が乱れ、〝恥〟を知らない犯罪が増えています。

親の乱れが子供の乱れを助長しており、青少年の不条理な犯罪が増えていることに対する大人世代の責任は決して小さくはありません。学校で礼儀・道徳を教えなくなったといって学校教育を責める親がいますが、責任は学校にのみあるわけではなく、むしろそのような言動で学校教育を批判している親自身にあることが多いようです。わが子に対する過剰な偏愛的性向ですぐに学校にどなり込んでくる親のどこに「自己を節し」「相手を敬する」こころがありましょうか。

子供や若者に敬するこころが失われたのは、敬するに値する先生が少なくなったことにもよりますが、最も問題なのは、敬するに値する親が少なくなったことでしょう。「子供が親の言うことを聞かない」「子供が何を考えているのかわからない」といわれますが、子供は親をよく観察しているもので、親のするとおりにするし、親の考えを無意識のうちに真似《まね》ていることも多いのです。はたして親が子供に敬せられる言動を行っているか、親が志《こころざし》やロマンを持っているかが先に問われるべきであって、親がロマンを持ちもしないで子供に夢を持てというのは順序が違うように思います。子供はそこをちゃんとみているのです。

子供は親の背中をみて育ちます。後輩は先輩のやり方をみて仕事を覚えます。凡庸《ぼんよう》な部下は凡庸な上司を真似、覇道《はどう》を求める部下は覇道を往《ゆ》く上司を真似ます。困ったことに、〈礼〉から外れた柔弱《にゅうじゃく》でたやすいものほど真似をし易い傾向が強いようです。

したがって、子供や後輩や部下を教化し変化させようとするのであれば、なによりも自己を再検討し、自分自身を正す必要があります。自分が変わらなければ、相手も変わりません。人は身近な親・先生そして社会の先輩を手本とすることによって成長するものですから、敬するこころ・誠のこころが双方の根底になければ、家も組織も崩壊するといえましょう。今の若い人たちには、是非とも、そのような親や先輩にならないよう心がけてほしいと願わざるを得ません。

〈礼〉を学ばざれば、人として立つことなし

「法律さえ犯さなければ何をやってもいい」「自分たちがやった後で法律が変わるのはかまわない」「人の心は金で買える」という語録が若者の鏡となる風潮は、誠実に汗水を流しながら働く人にとっては、まことに腹立たしくまた浅薄《せんぱく》なものに映ります。ところが、為政者や経営者が法や道徳・倫理に反して利を求める姿をみて、自分たちもやらなければ

損だ！とばかり、利に走る人が多いこともまた現実の姿なのです。現に、NHKの不祥《ふしょう》事《じ》で受信料の不払いが起こるとたちまちにして便乗《びんじょう》する者が多く現れましたし、国民年金の未納者がいると知れば自分も納めなければよいとする風潮もみられました。

不祥事をそのまま見過《みす》ごすわけにはいきませんが、自分がNHKを視聴しているのであれば受信料を支払うのは当然であるし、国のルールとして国民年金を納めるのも当然のことではないでしょうか。自己に対して善を為さずして、かくのごとく利に迎合《げいごう》することはまことに恥ずべきことではないでしょうか。自分の利益本意でものごとを行っていると、必ずしっぺ返しがくるものと心すべきです。

善や義を志す者と、利に走る者とは、道は同じではありません。利によって交わる「利《り》交《こう》」ではなく、「敬」と「誠」のこころによりて交わる「素交《そこう》」を根底にして人間関係を築きたいものです。国民一人ひとりの道徳観・倫理観がしっかりしていれば、そのように社会秩序が乱れることはなく、親一人ひとりの道徳観・倫理観がしっかりしていれば、子供が自分勝手・私利私欲に走る生活に溺《おぼ》れることもないでしょう。そのためにも、「自己を節し」「相手を敬する」礼のこころを失ってはなりません。「礼《れい》を学《まな》ばざれば、以《もっ》て立つこと無《な》し」（『論語』「季氏《きし》第十六」）。〈礼〉は世に処する場合の人として踏むべき道であり、これを学ばなければ人として立つことができないことはいうまでもありません。

第五条　明らかに訴訟を辨めよ

五に曰《いわ》く、饕《むさぼり》を絶《た》ち、欲《よく》を棄《す》てて、明《あき》らかに訴訟《そしょう》を辨《さだ》めよ。其《そ》れ百姓《ひゃくせい》の訟《うったえ》は、一日《いちじつ》に千事《せんじ》あり。一日すら尚爾《なおしか》り、況《いわん》や歳《とし》を累《かさ》ぬるをや。このごろ訟《うったえ》を治《おさ》むる者、利《り》を得《う》るを常《つね》と為《な》し、賄《まいない》を見て讞《うったえ》を聴く。便《すなわ》ち財《ざい》ある者の訟《うったえ》は、石を水に投《な》ぐるが如《ごと》く、乏《とぼ》しき者の訴《うった》えは、水を石に投《な》ぐるに似《に》たり。是《ここ》を以《もっ》て、貧《まず》しき民は則《すなわ》ち由《よ》る所を知らず。臣の道も亦焉《またここ》に闕《か》く。

〔訳〕第五条。飲み食いのむさぼりをやめ、金銭や物質的な欲望を棄《す》てて、人の訴えを正しく裁かなければなりません。世の人の訴えは毎日山積《さんせき》するほどで、年を経《へ》れば膨大《ぼうだい》な件数に及ぶであろう。聞くところによると、この頃訴訟《そしょう》を取り扱う者が、私利私欲を図ることを常とし、裁判を賄賂《わいろ》の多寡《たか》によって判断しているという。財産のある者の訴えは石を水に投げこむように必ず聞き届けられるが、乏しい者の訴えは水を石に投げかけるようなもので聞き容《い》れられることがなく泣き寝入りするばかりである。そのようなことでは貧しい者は頼るところもなく、結局官吏としてなすべき道も立たぬことになる。

「憲法十七条」の典拠の多様性

本条は、訴訟《そしょう》の取り扱いに際しては、賄賂《わいろ》に左右されることなく公明正大《こうめいせいだい》なる判断をもって厳正に行われるべきであると戒めています。

現代の裁判が賄賂によって判断されることはないと思いますが、地位や財力のある人とない人とでは受ける弁護や収容施設内での待遇に差があると感じるのは、貧しい者のひがみでしょうか。

「財ある者の訟《うったえ》は、石を水に投《な》ぐるが如《ごと》く、乏《とぼ》しき者の訴《うった》えは、水を石に投《な》ぐるに似《に》たり」の典拠《てんきょ》は、『文選《もんぜん》』「運命論」にある「其《そ》の言《げん》や、石を以《もっ》て水に投《とう》ずるが如《ごと》し、之《これ》に逆《さから》うことなきなり」「其《そ》の言《げん》や、水を以《もっ》て石に投《とう》ずるが如《ごと》し、之《これ》を受《う》くることなきなり」であることは明らかです。

六世紀前半に六朝《りくちょう》の一つである梁《りょう》王朝第一代武帝《ぶてい》の長子である昭明太子《しょうめいたいし》によって編《へん》纂《さん》された『文選』は、唐の時代から近代に至るまで中国文学の規範《きはん》の一つとされ、「憲法十七条」にも影響を与えたとされています。唐の初めに纏《まと》められた『隋書《ずいしょ》』「経籍志《けいせきし》」によれば、周《しゅう》から梁《りょう》の時代に至るまでの文、すなわち賦《ふ》・詩・文章《もんじょう》の中から優れた作品を選出し編纂《へんさん》されたのが『文選』であり、その数三十巻と伝えられています。

さて、厩戸王子《うまやとのみこ》が活躍した時代は『文選』が編纂されて既に半世紀以上経っており、王子《みこ》の手元に『文選』が伝えられていたとしても不思議ではありません。しかし、厩戸王子の生きた時代に、日本においてはたして『文選』がどれほど重要視されて読まれていたのでしょうか。中国においてさまざまな文の規範《きはん》として「文選学《もんぜんがく》」が盛行《せいこう》をみたのは唐の時代からとされており、日本で「憲法」に引用されるほどに読み込まれるようになったのは、やはり遣唐使の時代以降ではなかったでしょうか。仮にそうであるとするならば、本句は八世紀初頭の『日本書紀』編纂の際に引用されたものと考えられなくもありません。

専門家でない私には確たる科学的根拠があるわけではありませんが、「憲法十七条」全般にわたって典拠《てんきょ》とされる漢籍《かんせき》・仏書《ぶっしょ》が非常に幅広く、漢籍だけでも詩経《しきょう》、書経《しょきょう》、春《しゅん》秋左氏伝《じゅうさしでん》、礼記《らいき》、中庸《ちゅうよう》、孝経《こうきょう》、論語《ろんご》、孟子《もうじ》、墨子《ぼくし》、菅子《かんし》、荘子《そうじ》、韓非子《かんぴし》、史記《しき》、漢書《かんじょ》、文選《もんぜん》などが指摘されています。これに、勝鬘経《しょうまんぎょう》、法華経《ほけきょう》、維摩経《ゆいまぎょう》をはじめとする数多くの仏典を含めて、一執政者がいったいどの程度広く深く読み込めるものでしょうか。

もっとも、これらの経典《けいてん》あるいは経典《きょうてん》の一部については、初めから終わりまで詳細に理解するような読み方ではなく、文章《ぶんしょう》規範《きはん》や抄物《しょうもつ》として有名な佳句《かく》をしっかりと味わうということもあり、古人がどのようなテキストをいかように読んだかは考慮されねばなりません。あるいはまた、古来の第一流の人の学問は、猥雑《わいざつ》な情報に混乱させられている現代人の及ぶべくもない広さや深さがあったのかもしれません。

それらを考慮した上で「憲法十七条」は、時の為政者（推古王・蘇我馬子・聖徳太子）、なかでも特に政《まつりごと》を先導した聖徳太子が数人の官吏に分担創作させたものを改めて編集し直したものではないか、さらにはその後何年かにわたって複数人の手により少しずつ修正あるいは加筆されて現在に伝えられる形になったのではないかと推察しています。

「慎独」と「配置の妙」

人間の貪欲心

人間の煩悩《ぼんのう》は百八つあるといいますが、仏教用語として知られている「三毒《さんどく》」として「貪《とん》・瞋《じん》・癡《ち》」があります。「貪《とん》」は「貪欲《どんよく》」のことで貪《むさぼ》りや欲望を意味し、「瞋《じん》」は「瞋《しん》恚《い》」のことで瞋《いか》り（怒り）や嫌悪《けんお》を意味し、「癡《ち》」は癡《おろか》さや根本的無知の意味で無明《むみょう》と同義です。「癡」は、ときに「愚痴《ぐち》」を指すこともあります。

その中の「貪《とん》」、いわゆる人間の貪欲心《どんよくしん》の最たるものは、食をむさぼることと財をむさぼることでありましょう。それが氏族社会の時代以前から現在まで饗応《きょうおう》と賄賂《わいろ》がなくならない最たる所以《ゆえん》です。「石を水に投ずればすぐに水中に沈み波紋が広がるが、水を石に投じてもはじき返されるのみ」という富者《ふしゃ》と貧者《ひんじゃ》の訴えの喩《たと》えには、訴訟裁決にあたる官吏の間に収賄《しゅうわい》が当然のことのように行われていたこと、つまり司法に関わる人としての「不礼」がうかがわれます。

この慣習は司法の世界に限らず、政界、財界、教育界などあらゆる社会活動の中に垣間《かいま》みられます。業界内部の談合《だんごう》もその一つでありましょうし、天下《あまくだ》りや賄賂など利得《りとく》の温床《おんしょう》に育った官製談合《かんせいだんごう》も絶えることがありません。教育界でも採用や昇進に不正が絡《から》み、本来健全であるべきスポーツ界においてさえ金権にまつわる話題が絶えないのも、やはり「貪」の為せるものではないでしょうか。グルメ志向《しこう》、財貨への執着《しゅうちゃく》、さらには地位・名誉へのあこがれは、上流階級や権力を握る名士ならぬ迷士の常とするところでもあります。

人たるもの特に公職にある者は、私利私欲を去って謹《つつし》んで民のことばに耳を傾け、中道的《ちゅうどうてき》な立場でものごとを判断しなければならないはずです。秘密裏《ひみつり》に賄賂《わいろ》を貰《もら》ったとしても、「天《てん》知る、地《ち》知る、我《われ》知る、汝《なんじ》知る」で、いつかは必ず暴露《ばくろ》されるものです。「天網《てんもう》恢恢《かいかい》疎《そ》にして漏《も》らさず」ともいうではありませんか。

ひとりの時こそ、己れを慎む

私利私欲を去り、貧富《ひんぷ》の分《わ》け隔《へだ》てなく国民を慈愛撫育《じあいぶいく》し、また訴訟の公明正大な裁定《さいてい》を行うには、根底に「慎独《しんどく》」の修養がなければなりません。慎独とは独《ひと》りを慎《つつし》むということ、つまり自分が独りでいる時にも心を正しく保ち、行いを慎むということです。

その典拠《てんきょ》は『大学《だいがく》』の「所謂其《いわゆるそ》の意《い》を誠《まこと》にすとは、自《みずか》ら欺《あざむ》くこと毋《なか》れとなり。悪臭《あくしゅう》を悪《にく》むが如《ごと》く、好色《こうしょく》を好《この》むが如《ごと》くす。此《こ》れを之《こ》れ自慊《じけん》と謂《い》う。故《ゆえ》に君子は必ず其《そ》の独《ひと》りを慎むなり」にみえ、「小人間居《しょうじんかんきょ》して不善を為す」というお馴染《なじ》みの句が後に続きます。

意を誠にすることつまり誠意は、自分で自分をごまかさないことです。臭《くさ》いにおいを嫌い美しい色を愛するように、悪いことは悪い、善いことは善いとして、悪を去り善を行ってわが心を満ち足りたものとすることです。

自慊とは、自分の良心に恥じるところなく、自ら心に満足するという意味で、独特の風格のあることばといえましょう。したがって立派な人は、必ず自分独り知るところにおいても慎んで身を修め、事《こと》において後悔することがありません。

「慎独」の典拠《てんきょ》は『中庸《ちゅうよう》』「第一章」にもみられます。そこには、「隠《かく》れたるより見《あらわ》るるは莫《な》く、微《かす》かなるより顕《あらわ》なるは莫《な》し、故《ゆえ》に君子はその独りを慎むなり」とあります。ものごとは意識して隠そうとすればするほどかえって露見《ろけん》し、微細なものほど顕著《けんちょ》に現れることが世の常です。したがって、君子たろうとするものは人の知らざるところといえどもあいまいな隠し事などをせず、すべからく内なる己《おの》れ自身のあり方について深く慎むことが肝要です。

足るを知る

慎独によって自慊がもたらされますが、「少欲知足《しょうよくちそく》」ということもまた己れの品格を高め、心の愉快を覚える意味で心しなければならないことです。人は「足ることを知って」こそ「貪《とん》」から離れることができます。地位や名誉や財産があっても己れ自身になんの加うることがありましょうか、それらがなくてもなんの損することがありましょうか。大切なことは、己れ自身がいかなる人間たろうとするのか、いかなる人としての品格を持つかというところにあります。

地位や名誉や財産によっていたずらに人の軽重《けいちょう》を問うなどは、それを問う人自身の品格卑下《ひげ》なることを自ら暴露しているようです。地位が低かろうが、名声が聞こえなかろうが、財産が少なかろうが、ささやかではあっても自らの生活を人格の高揚《こうよう》にかけて生きている人こそが真の人格者といえましょう。主体は自分にあります。他人と比較して自らの不幸を嘆いてみても、自らの品格を高めることにはなりません。

どの人にもある「配置の妙」

日本庭園の美は何人《なんぴと》もこれを是《ぜ》とするでありましょう。池には水をたたえた池なりの美しさがあり、それを取り囲む松には松なりの美しさ、竹には竹なりの美しさ、梅には梅なりの美しさがあります。また、庭石《にわいし》にも白砂《はくしゃ》にもそれなりの美しさがあり、それぞれがそれぞれに「配置《はいち》の妙《みょう》」をたたえて名園の美が形成されます。しかも、日本庭園の美には四時順行《しじじゅんこう》する季節のうつろいが反映して、庭園の美はさらに洗練《せんれん》された美へと昇華《しょうか》されます。

他人の境遇《きょうぐう》や学歴あるいは氏素性《うじすじょう》を云々《うんぬん》するのは、自分に自信がない証拠であります。学歴や氏素性や地位・名誉・財産などというものは、本質的に重要なことではありません。大切なことは、どの人にも「配置の妙」に与《あずか》る本性《ほんしょう》があるということです。

長くもあり短くもある人生ですが、与えられた生において「慎独《しんどく》」と「配置の妙」をしっかりと肝《きも》に銘《めい》じて己れを生きるべきであろうと思います。

第六条　悪を懲らし善を勧むる

六に曰《いわ》く、悪を懲《こ》らし善を勧《すす》むるは、古《いにしえ》の良き典《のり》なり。是《ここ》を以《もっ》て人の善を匿《かく》すことなく、悪を見ては必ず匡《ただ》せ。其《そ》れ諂《へつら》い詐《いつわ》る者は、則《すなわ》ち国家を覆《くつがえ》す利器《りき》たり。人民を絶つ鋒剣《ほうけん》たり。亦佞《またおもね》り媚《こ》ぶる者は、上《かみ》に対しては則《すなわ》ち好んで下《しも》の過《あやま》ちを説《と》き、下《しも》に逢《あ》いては則《すなわ》ち上《かみ》の失《あやまち》を誹謗《そし》る。其《そ》れ此《かく》の如《ごと》き人は、皆君に忠《ちゅう》なく民に仁《じん》なし。これ大《おお》いなる乱《みだれ》の本《もと》なり。

〔訳〕第六条。悪を懲《こ》らしめ善を勧《すす》めるのは古くからのよい教えである。このゆえに、人の善行《ぜんこう》を世に明らかにし、悪行《あっこう》を必ず正さなければならぬ。心にもないことを言って他人の気に入るようにご機嫌をとり、人を欺《あざむ》きだます者は、国家を覆《くつがえ》す利器《りき》（鋭い道具）のようなもので、人民を塗炭《とたん》の苦しみに陥《おとしい》れる鋭い剣（殺人剣《せつにんけん》）ともいえる。またうわべの口先だけで誠意がなく、媚《こ》び諂《へつら》って相手の気を引こうとする者は、上司に向かっては好んで部下の過ちを告げ口し、部下に向かっては上司の過失を非難しけなす。こういう人はみな、君主（組織の長）に対する忠節の心がなく民（部下）に対しても仁愛の心を持たないもので、国（あるいは組織）の大きな乱れの本《もと》となるものだ。

小人物と、組織の不幸

本条は、いうまでもなく「勧善懲悪《かんぜんちょうあく》」を説いています。勧善懲悪は、古今東西を通じてもっともわかりやすい、しかしながら徹底しがたい人の道です。現実の世界において実際に悪を懲《こ》らしめ善きことに徹するには、人としての力量《りきりょう》（人間力）が備わらなければなかなかできることではないでしょう。

本条にみえる悪の典型は、「諂《へつら》い詐《いつわ》るもの」および「佞《おもね》り媚《こ》ぶるもの」です。「心にもないことを言っては他人のご機嫌をとり、人を欺《あざむ》きだますような人」や「口先だけで誠意がみられず、媚《こ》び諂《へつら》って相手の気を引こうとする人」が、少し周りを見渡すだけでも何人かいるではありませんか。グループの中でその場にいない人の悪口をいう人はどこにでもいるでしょうし、組織の中で上司に向かっては下の者の過失を説き、部下に向かっては上の者の不徳を声高に唱える二枚舌《にまいじた》の人もいます。自分一人いい子になりたがるような小人《しょうじん》が〝一小人《いちしょうじん》〟として振る舞う上においては、社会的にさしたる問題が生じることは少ないのですが、時としてそのような小人が組織のリーダーとしてはびこるところに実に迷惑な状況が展開されます。

衆参両議院をみても、権力に媚び諂《へつら》う取り巻きが舞台を演出し、国会は〝大衆劇場〟となり、政治家は舞台上で〝タレント〟と化します。あるいは、政治家としての資質を疑うような誠意のない言動を繰り返す大臣・議員も少なからず存在します。

その一方では、これらを面白可笑《おもしろおか》しく、あるいは必要以上に仰々《ぎょうぎょう》しく報道するメディアの安直化《あんちょくか》も目につきます。各メディアは〝大衆のニーズ〟と称しながら、内実は興味本位あるいは視聴率や購買数を上げるためにどう報道すればウケルのかという視点ばかりが強くなっているように見受けられます。

つまらない管理職がはびこるようではやがて組織の活性化が失われていくでしょうし、つまらない政治屋が増えるようではやがて国民の生活が立ちゆかなくなるでしょう。その兆候《ちょうこう》が現代日本社会のあちこちで見受けられるようになり、国民生活の混乱が急激に顕在化しています。バランス感覚に富み、真に人間力を培《つちか》った〝人物〟の到来が早急《さっきゅう》に待たれるところです。

「諸悪莫作、衆善奉行」

「勧善懲悪《かんぜんちょうあく》」とは儒教的なことばで、これを仏教的なことばに置き換えれば「諸悪莫作《しょあくまくさ》、衆善奉行《しゅぜんぶぎょう》」〔諸々《もろもろ》の悪いことをしてはいけない、多くの善はこれを恭《うやうや》しく行いなさい〕となります。このことは、幼い小児ほど聞き分けがいいのですが、成長するにしたがって聞き分けが難しくなるようです。実に善は養いがたく、悪は去りがたいものです。

本条では〝せめて世の乱れの本《もと》となるような悪行《あっこう》をするな〟と戒《いまし》めていますが、仏教の精神では一歩を進めて〝より積極的に善を行え〟と勧めています。

ただ、〝積極的に善を行え〟という点で勘違いしてはいけないことがあります。それは、直ちに助け合う必要がある場合は別として、安易にボランティア活動を行えということでは決してないということです。

ボランティア活動を通じて社会に貢献することはとても立派ですばらしいことですが、本来自分のやるべき仕事があるのなら、まずその仕事を通じて社会に貢献することが先決です。自分の家庭があるのなら、夫婦仲良く家を斉《ととの》えることが先決です。学業があるのなら、まず学業に精を出すことが先決です。本来やるべきことに支障を来《きた》さないことがまず前提にあり、斉家《せいか》や仕事や学業を放り出してまでボランティア活動に力を入れるというのは本末顛倒《ほんまつてんとう》もはなはだしい。

況《いわ》んや、政府あるいは教育界主導で小・中学生や高校生にボランティアを強制するに於《お》いてをや。教科に織り込むなどの強制的ボランティアは、動機不純なる偏向的《へんこうてき》ボランティア精神を生む可能性も高く、現場ではかえって迷惑となることも予想されます。外面《そとづら》を意識して善行《ぜんこう》をみせるのではなく、また授業の一環《いっかん》として仕方なく参加するのではなく、わが心の誠に感応してやむにやまれぬ思いから起こされる行動こそが、真実尊いものとして求められるべきでしょう。他人によく思われたいだけの偽善者であってはなりません。

「善」と「悪」と「四句教」

心の体、意の動、良知、格物

「善」と「悪」に関していえば、中国明《みん》代の哲人である王陽明《おうようめい》の有名な「四句教《しくきょう》」があります。「四句教」は「四言教《しごんきょう》」ともいわれ、陽明学《ようめいがく》の真髄《しんずい》を現す一つです。

善なく悪なきは、これ心の体
善あり悪あるは、これ意の動
善を知り悪を知るは、これ良知《りょうち》

善を為し悪を去るは、これ格物《かくぶつ》

第一句は「善なく悪なきは、これ心の体」です。善といえば悪があり悪といえば善があるごとく善悪は相対的なものですが、この善もなく悪もない絶対的なもの、それが造化《ぞうか》（天地間の万物を造り育てる法則）つまり大自然であり、無垢《むく》の赤子《あかご》に象徴されるひと本来の姿であるといえます。

「心の体」というのは、この造化と一体化したひと本来の本体・本心であり、喜怒哀楽などの感情に心乱れることのない「正心《せいしん》」といえましょう。〔第十条の論考参照〕

第二句は「善あり悪あるは、これ意の動」です。造化との一体から離れて人としての意《い》念《ねん》（意思・おもい）が動けば、そこには喜怒哀楽の感情が生まれ自《おの》ずと善と悪の相対が生じざるを得ません。意が動いたとして、それが「正心《せいしん》」のままに動けば善であり誠ですが、外物に迷わされ「貪《とん》・瞋《じん》・癡《ち》」に向かえば悪であり不実《ふじつ》となります。

この第二句は、意を誠にすることが肝要であることを自ずと示唆しており、「意を誠にして〝人物を創る〟」ためにはいかにあらねばならないかが問われることになります。〔第九条の論考参照〕

第三句は「善を知り悪を知るは、これ良知《りょうち》」です。意念《いねん》が動いて善悪が生じた時、何が善で何が悪かを知らねば人として相応《ふさわ》しい行動に結びつかないでしょう。それを判断するのが「良知《りょうち》」です。

良知とは、人に生まれながらにして具《そな》わっている知能のことであり、孟子《もうし》は慮《おもんぱか》らずに知り学ばずともよくするものを「良知良能」といっています。〔第十四条の論考参照〕

ところで、「孟子」の読み方についてですが、孟子その人を指す場合は「もうし」、書物をいう場合は人名と区別して「もうじ」と読《よ》み慣《なら》わしています。「荘子」も同様に人名は「そうし」、書名は「そうじ」と読み慣わしていますが、なぜか「孟子」「荘子」以外はあまり区別されていないようです。

第四句は「善を為し悪を去るは、これ格物《かくぶつ》」です。冒頭の「悪を懲《こ》らし善を勧《すす》むる」の実践のすすめです。従来、この「格物」が朱子学《しゅしがく》と陽明学《ようめいがく》を分けるキーワードとされてきました。

朱子学では「格物」を「事々物々《じじぶつぶつ》の理《り》を窮《きわ》めていけば（窮理《きゅうり》）、ついにはあらゆる真理に到ることができる」として「物に格《いた》る」と読み、陽明学ではこれを「物を格《ただ》す」と読み慣わしています。「物を格《ただ》す」とは、学んで掘り起こした良知を主体的に人生に活かす実践（致良知《ちりょうち》）のことで、「良知」を基《もとい》として悪行《あっこう》を去り善行《ぜんこう》を為《な》すということです。

日本陽明学の祖といわれる中江藤樹《なかえとうじゅ》は、「格物」の「物」を五行思想の「木・火・土・金・水」にそれぞれ配当される「貌《ぼう》・視《し》・思《し》・言《げん》・聴《ちょう》」の五事《ごじ》に喩《たと》え、「五事《ごじ》を正《ただ》す」というように具体的な実践として言い換えています（「貌・言・視・聴・思」の語順が唱えやすい）。

すなわち、貌（顔かたち）については愛敬《あいけい》のこころをこめてやさしく和やかな顔つきで人と接すること、視（まなざし）については愛敬のこころを込めて温かく人や物を視ること、思（思いやり）については愛敬のこころをもって相手を理解し思いやりのこころをかけること、言（ことばづかい）については相手に気持ちよく受け入れられるような話し方をすること、聴（よく聴く）については話す人の気持ちに立って相手の話を聴くこと、この五事を正すことこそ「格物」であると教えています。〔第十四条の論考参照〕

「致知格物」こそが活学

「心の本体には、本来善も悪もありません。しかし、ひとたび人としての意念《いねん》が動けば、そこには感情が生まれ自《おの》ずと善と悪の相対が生じてきます。何が善で何が悪なのかをしっかりと覚《さと》り、悪を去って善を為《な》すことを心がけねばなりません」と、四句教《しくきょう》は教えてくれます。

〝努力・向上の意欲を持つ凡夫《ぼんぷ》〟としては、まずは「性命《せいめい》の力となる活きた学問」を学ぶことですが、それだけで了《りょう》とすることなく、わが人生の中で善を行い悪を去る実践に到らねばなりません。この「学んだ事々物々《じじぶつぶつ》を人生に活かしてゆく（学を活かす）」ことを思えば、究極的には「致知格物《ちちかくぶつ》」こそが〝活学〟そのものであるといえましょう。

かくして人は活学により、与えられた環境の中で、あるいは陥った環境の中から如何《いか》に生きるべきかという立命を知り、いま生かされている生を精一杯誠実に生きることの重要性を知ることになります。

第七条　掌ること宜しく濫ならざるべし

七に曰《いわ》く、人には各々任《おのおのにん》有り、掌《つかさど》ること宜《よろ》しく濫《みだり》ならざるべし。其《そ》れ賢哲《けんてつ》官に任ずれば、頌音則《しょうおんすなわ》ち起こり、奸者《かんじゃ》官を有《たも》たば、禍乱則《からんすなわ》ち繁《しげ》し。世に生まれながらに知るは少なし。尅《よ》く念《おも》いて聖《ひじり》となる。事《こと》大少となく、人を得《う》れば必ず治まり、時急《ときききゅう》緩《かん》となく、賢《さかしきひと》に遇《あ》えば自《おの》ずから寛《ゆるやか》なり。此《こ》れに因《よ》って国家永久にして、社稷《しゃしょく》危《あや》うきこと勿《な》し。故《ゆえ》に古《いにしえ》の聖王《せいおう》は、官の為に以《もっ》て人を求め、人の為に官を求めず。

〔訳〕第七条。人にはおのおの任務があり、その任務にでたらめがあってはならぬ。賢明な人が役職にあれば民のほめたたえる声が自然と沸き起こるが、悪賢《わるがしこ》い者が役職にあれば政治経済に運行の乱れが頻発する。この世には、生まれながらにして英知《えいち》豊かでわが命《めい》を悟った人は少なく、よく思慮を重ねて学んでこそ聖人（立派な人）となるのだ。事の大小によらず、また役職の高低にかかわらず、適材を適所に得てこそよく治まるのである。また、平時はもとより国家大事の時でも、賢人が政治の衡《しょう》にあたってこそ難しい事案《じあん》も自《おの》ずと寛《ひろ》く容《い》れられるものとなり、その結果国家は永続し世の中は安泰《あんたい》となる。だから古《いにしえ》の聖王は、官職に相応《ふさわ》しい人物を求めたのであり、ある人間のためにわざわざ官職を与えるようなことを決してしなかったのである。

「賢哲任官」の意義

本条は、あらゆる場において適材を適所に登用することの重要性を説き、さらに、条文として明言しないまでも、各人材がその職分を全《まっと》うするために自ら研鑽《けんさん》を怠らないように諭《さと》しています。

日本の歴史において、「賢哲任官《けんてつにんかん》」いわゆる人材登用を具体的に実現しようとした初の試みが「冠位十二階の制」です。当時、有力な氏族が官位や職務を世襲《せしゅう》して政治を壟断《ろうだん》していたこともあり、「賢哲《けんてつ》を官に任ずること」は為政者の強い願いであったでしょう。「冠位十二階の制」は、大王《おおきみ》一族の諸王や最有力者の蘇我氏が十二の位階を超えて位置するという不完全なものでしたが、遣隋使の小野妹子《おののいもこ》、学問考究の高向玄理《たかむこのくろまろ》、仏師の鞍作鳥《くらつくりのとり》などの活躍にみられるように、「賢哲任官」に努力した意義には大きいものがあったと思われます。

国家衰亡《すいぼう》の歴史をみても、一企業の衰退《すいたい》をみても、その根本は人材の適用を誤ったことによることが多いようです。トップも含め適所に適材を得ることが何よりも優先されるべきことながら、人をみる目のない人事や人物を無視した人事が横行《おうこう》していることもまた周知のことです。

国民のために政治を取り仕切る閣僚一人を選ぶのに党利党略や派閥が優先され、はたして人物本位で首相をはじめ大臣が選ばれることがあるのだろうかと疑いたくなりますし、ビジネスの世界においてもなぜこの人が取締役なのか、なぜこの程度の人が部長なのかという人事も少なくありません。それほどに人材登用には難しいものがあり、人事というものにはさまざまなしがらみと葛藤《かっとう》が交錯《こうさく》しています。

本条の「官の為に以《もっ》て人を求め、人の為に官を求めず」の句は、今日《こんにち》の閣僚人事や企業人事に対する痛烈なる皮肉・批判となります。そして本条は、人材登用の大切さを説く一方で、われわれ凡夫《ぼんぷ》としても各々《おのおの》努力してその任に相応《ふさわ》しい人物となるように、少なくとも第六条にあるような人間となって国や組織を乱すことがあってはならないと諭《さと》していま す。

大切なことは〝学び〟の継続

ところで、生まれつき英知《えいち》豊かでわが命《めい》を悟った人物など、この世にいるものでしょうか。人はみな教育を受け、自ら研鑽《けんさん》し、経験を積み、思慮分別《しりょふんべつ》を重ねてこそ立派に世に役立つ人となるものでしょう。

かの孔子は『論語』「季氏《きし》第十六」で、

生まれながらにして之《これ》を知る者は、上《じょう》なり。学びて之《これ》を知る者は、次なり。困《くる》しみて之《これ》を学ぶは、またその次なり。困《くる》しみて学ばざるは、民これを下《げ》と為《な》す。

〔人間の天稟《てんぴん》には四通りの等差《とうさ》がある。第一に、生まれながらにしてあらゆる徳義を知り尽くしている者があるが、これが最上級である（恐らくは聖人がこれに当たる。世々《よよ》にして出ずるものではない）。第二に、学問によって知る者がその次であり、第三に、初めは学に志さず、いよいよ行き詰まって困《こま》った挙句《あげく》、学問する者があるが、これがまたその次である。而《しこう》して第四に、行き詰まって困《こま》りながらも、学問することを知らない者があるが、これが人民の中においては最下級である〕[12]

といい、「述而《じゅつじ》第七」にて、

我は生まれながらにして之《これ》を知る者に非《あら》ず。古《いにしえ》を好《この》み、敏《びん》にして以《もっ》て之《これ》を求めたる者なり。

〔私は生まれながらにして道を知っておるというような者ではない。ただ古《いにしえ》の道を好んで、勉強怠らずして、ついに道を求め得ただけの者である〕[12)]

と述べています。

「生知《せいち》の人（生まれながらに知る者）」はなかなか世に出《い》ずるものではなく、孔子ですら自ら「学知《がくち》の人（学びて知る者）」であると応えています。多くの人は「学知の人」あるいは「困学困知《こんがくこんち》の人（困《こま》った挙句《あげく》学び、苦心して知る者）」でしょうが、「困不学《こんふがく》の人（困《こま》っても学ばない者）」もまたなんと多いことでしょうか。

学ばずして進歩も解決もあり得ません。人が一回読めば理解できるところを、自分は十回読まなければ理解できないかもしれません。しかし、理解という点では同じことであり、鈍才であろうと努力によって秀才と同じく大事を為すことができます。大切なことは、継続です。〔若くして学べば壮年になって役に立ちます。壮年にして学べば老年になっても気力が衰えることはありません。老年にして学べば死んでもその名が朽ちることはありません」と、先哲も述べています（跋文参照）。

「凡夫」が〝人物〟となるための基本的覚悟

「人材」と〝人物〟

周知のとおり、「人材」ということばに対して、「人罪」「人在」「人財」という字を充《あ》てて解釈されることがあります。「人罪」というのは、仕事に対する能力や気力がなく、組織のモラル低下を惹《ひ》き起こす者をいいます。「人在」というのは、ただそこに在《あ》って言われたことだけをする指示待ち人間で、何事にも無関心・非積極性を示します。それに比べて「人財」というのは、考え方が意欲的・積極的で、目標管理が自ら遂行《すいこう》できる優秀な者といえましょう。従来、組織の求めていた人材は「人財」であったはずなのです。

ところが、近年、企業間競争が激化し経営環境が厳しく変化する中で、企業は当面の利益追求にのみ焦点を当てた「材」、言い換えれば状況次第ですぐにリストラ可能な「材」を求めるようになってきました。「材」という字は、「才に通じ、本来のもの」を意味する一方で、単に「材用とすべきもの」という意味もあります。[6] 企業側の早急《さっきゅう》なる利益や結果を求める構図は、人を本質的にとらえた「人材」としてではなく、都合よく使い捨てのできる「材用」として求め、政府も企業側の場当たり的な要請に対して安易に応えてきました。

そのせいもあってか、社会における若者の様相《ようそう》としても、目先の〝材〟となることに汲々《きゅうきゅう》として資格を取るための勉強に熱心な人、逆に自分の好きなことを最優先させてアルバイトや派遣労働の道を選択する人、あるいは環境に甘んじて夢遊《むゆう》するフリーターやニートの道を歩む人など実にさまざまで、価値観の多様化といったひと言で総括できないほどの状況を自ら呈してきたようにも思います。

本来、組織にとって真に必要とされるべきは、「人材」にあらず〝人物〟ではないでしょうか。組織の状況において使い捨て可能な都合のよい「人材」と、組織が将来的に発展するために必要な〝人物〟とはまったく異なるものです。「人材」が「人財」として育つ上においても、その根底に〝人物〟としての素養《そよう》を有していることが望ましいでしょう。われら「凡夫《ぼんぷ》」も、組織から利用されるだけで終わるのではなく、逆に組織を積極的に利用して能力や人物を磨くことがあってもいいのではないでしょうか。その〝人物〟となるための基本的覚悟について、ここで少し考えてみたいと思います。

「宿命」と「運命」と「立命」

さて、太陽が東から昇り西に沈むこと、春夏秋冬が順行《じゅんこう》すること、人の生には必ず限りがあること、これらは変えることのできない「宿命」といえます。

一方、ある学校に入学して学生生活を送ること、縁《えん》あってなんらかの職業に就《つ》くこと、ある異性と巡りあって結婚し家庭を持つこと、これらは一つの「運命」であるといえます。「運命」とは、その字「運」が示すとおり〝運ぶ〟〝変化する〟ものであり、いずれかの選択が異なっていれば、また違った人生を送っていたことでしょう。

しかし、ここで現実とは異なる人生を夢想《むそう》することは、あまり意味のあることではありません。大事なことは、現実に与えられたその運命・環境の中で自分はどう起《た》ってゆくか、自分はいかに生きていくか、自分は何を求めるかということです。それが「立命」といわれるものであり、そこに「志《こころざし》」が生まれるのです。

人生にとって一番大切なことは、この志を持つことです。そして、その志は地に足のついた現実生活の上に立てるものであって、実生活から遊離した空想・夢想であってはいけないのです。〔第二条の論考参照〕

「理想の学生生活」「理想の職業」「理想の家庭」などというものは初めから存在しているわけではありません。どのような学生生活を送るのか、どのような職業に就《つ》いて自己実現を図るのか、どのような家庭を築いていくのか、これからどのような人生を歩もうとするのかは、自《みずか》らが努力して創作していくものなのです。その「立命」の実践次第で、さらに「運命」が変化していきます。そのことをしっかりと肝《きも》に銘《めい》じておくことが、「凡夫《ぼんぷ》」が〝人物〟となるための基本的覚悟の第一であります。

〝いま〟を誠実に生きる

次に、本意であるか不本意であるかは別として、多くの人は縁《えん》あってなんらかの仕事に就《つ》きます。就任当初はすべてを理解しているわけではなく、またすべてを任されているわけではありませんので、その仕事が「理想の仕事」とは思えないことも多々あるでしょう。しかし、就任当初から〝今の自分は仮の姿だ。こんなつまらない仕事は自分には合わぬ。さっさと辞めてもっと割のいい仕事を――〟などと思って手を抜いていては、人間としての進歩は望めません。どんな仕事であっても、それが世の中に必要で役に立つ仕事である限り、全力を尽くすべきです。仕事を敬虔《けいけん》に大切にし、余程ひどい条件は別として、待遇のことは少し後回しに考えることです。

原則的に、サラリーマンの給料というものは、仕事をこなす能力が育成された後からその人の能力についてくるものであり、現在成し遂げた業績が一年後あるいは二年後に給料としてはね返ってくるものです。「なんで俺はこんな給料でこんな仕事をやらなきゃならんのだ」「同期のあいつはなぜ俺より待遇が上なんだ」と文句をいう人がいますが、今の給料や待遇は一～二年前のその人の能力に相応して与えられたものなのです。

もちろん、人事や評価というものは不完全な人の目を通して行われるために、短期的にみれば不合理なこともあり得ます。しかし、中・長期的にみれば結構妥当な人事や評価が行われているものです。そうでなければ、その企業がいつまでも活性化された状態を維持することは難しく、いずれ存続することも危うくなるでしょう。一個の人間として大事なことは、待遇のことはしばらく後回しに考え、与えられた仕事を敬虔《けいけん》に大切にし全力を尽くすことです。

仕事を覚えるためにはまず前任者の仕事を踏襲《とうしゅう》することから入りますが、次には従来の慣習から離れその仕事の改善を図らなければなりません。その仕事を合理化し人材を他の重要なところに投入できるようになればなおさら理想的です。「守《しゅ》・破《は》・離《り》」は、芸術の世界に限ったことではありません。

繰り返すようですが、「理想の仕事」ははじめからそこに存在するわけではなく、与えられた仕事に誠実に取り組むことから始まるのです。「理想の学生生活」「理想の家庭」も同様です。与えられた〝いま〟を誠実に生きること、問題意識を持ちながら自分に納得がいくまで心を籠《こ》めて邁進《まいしん》することが、「凡夫《ぼんぷ》」が〝人物〟となるための基本的覚悟の第二です。

地道なプロセスを築く

イソップ童話「うさぎとかめ」は、誰もが知っていながらつい忘れがちなプロセスの重要性を説いています。われら「凡夫」が〝人物〟となるための基本的覚悟の第三は、このプロセスを築くということにあります。かめは、うさぎをみるのではなく目標（志）を目指して、のろまであろうとも一歩一歩コツコツと努力して歩んでいったのです。一方のうさぎは、目標（志）ではなくかめばかりみていたのです。

他人のことなど気にしないで、自分自身が手を抜かないで、諦《あきら》めないで、地道なプロセスを構築することです。学業や研究あるいは仕事の上において、早く成果が現れるということは華々《はなばな》しいことでありましょう。しかし、遅くあろうともプロセスを一つひとつ築き固めて、自分の納得のいく成果を確実に蓄積していくことがなにより重要です。そうして築き上げたものが個人にとっての財産となり、人物となるための土台となります。間違っても、成果の早い人を真似《まね》たり要領のよさを発揮したりして〝粗いプロセス〟を形作らないことが肝要です。

企業に所属していれば、あるいは最先端の研究に携わっていれば、早急《さっきゅう》なる成果が求められることも多いでしょう。極端な場合には組織の存亡がかかっていることもあるかもしれません。しかし、プロセスを無視して出された結果には、再現性や継続性は望むべくもないと心すべきです。

人間的魅力・人望を培う

すべての人から好まれる人物は、往々にして八方美人的か偽善者であることが多いといいます。逆にすべての人から厭《いと》わしく思われる人物は、性格に欠陥のある人物であるに違いありません。善き人物から好かれ、善くない人物から厭わしく思われる人物であろうとすれば、人に好かれること自体を目的とするのではなく、自ら人間的魅力・人望を持たなければなりません。

そのためには、自分自身の生き方・自分自身の姿勢をしっかりと持つことがなによりも基本となります。「命《めい》を立て、与えられた今を誠実に生き、そのプロセスを検証しながら着実に築き上げること」です。言い換えれば、「自分の志したことを、常に自分に誠実に、自分なりの工程を踏んで歩んでいくこと」が人間的魅力を形成します。それが、己《おの》れの未熟さを自覚している「凡夫」が、努力して〝人物〟となるための基本的な覚悟であるといえましょう。間違っても、「人に指示されたことを、自分をごまかしながら、その場限りの言動で済ます」という三つの要素を重ねないことです。たとえ人に指示されたことであっても、常に誠意を持って、わが人生のプロセスを形成するために行動することが、人間的魅力を培《つちか》うことになります。

第八条　早く朝りて晏く退れ

八に曰《いわ》く、群卿百寮《ぐんけいひゃくりょう》、早《はや》く朝《まい》りて晏《おそ》く退《さが》れ。公事《こうじ》は盬《もろ》きこと靡《な》し。終日《ひねもす》にても尽《つく》し難《がた》し。是《ここ》を以《もっ》て、遅く朝《まい》れば急なるに逮《およ》ばず、早く退《さが》れば、必ず事《こと》尽さず。

〔訳〕第八条。大臣から諸役人に至るまで、早く出仕《しゅっし》し、晏《おそ》くまで職務に精励《せいれい》しなさい。公務は山積《さんせき》しており片時もおろそかにできないもので、一日中かかってもやり尽くすことは難しい。このゆえに、朝遅く出仕したのでは急の用に間に合わず、終業時間前に退出するようでは必ず業務が滞ってしまうであろう。

当時の執務は午前中のみ

本条は、山積《さんせき》する公務を滞《とどこお》らせないためにも、出勤および退勤時間を疎《おろそ》かにすることがないように戒めたものです。恐らく、朝堂における〈礼〉つまり朝礼の一つとして意識されたものと思われます。

本条の「早《はや》く朝《まい》りて晏《おそ》く退《さが》れ」を、〔朝早くから夜遅くまで働け〕と訳して、聖徳太子が長時間労働推奨派だと解する説もありますが、それは大いなる誤解です。「晏《あん》」という字は〔太陽が天上で照らしている〕という意味であり、「晏朝《あんちょう》」というのは〔朝も遅い時間、つまり正午前〕という意味なのです。[1]

当時のわが国において、特に規定された勤務時間が存在したのかどうかはわかりませんが、『日本書紀』「舒明天皇《じょめいてんのう》八年秋七月」（六三六年）に、群卿百寮《ぐんけいひゃくりょう》が朝廷への出仕《しゅっし》を怠けており、今後は「卯《う》の刻《こく》の始《はじめ》（午前五時）」に出仕し、「巳《み》の刻《こく》の後《おわり》（午前十一時）」に退出させようという案が出されたという記事がありますので、舒明王の時代に要請された執務時間は午前中〔時間にして約六時間〕であったと思われます。

また、本条の「早く朝りて晏く退れ」は、『礼記《らいき》』「礼器」にある「質明《しつめい》（夜明け）にして始めて事を行い、晏朝《あんちょう》（朝おそく）にして退く」が典拠《てんきょ》かと思われ、この成句の引用から考慮しても午前中の執務《しつむ》が要請されたものと推察されます。

加えて、本憲法の第五条に「其《そ》れ百姓《ひゃくせい》の訟《うったえ》は、一日《いちじつ》に千事《せんじ》あり。一日すら尚爾《なおしか》り、況《いわん》や歳《とし》を累《かさ》ぬるをや」とあり、この当時でも公務が非常に多かったことがうかがわれます。

第八条の条文がわざわざ憲法に組み入れられたことから、出仕を怠ける者が多くて公務が滞《とどこお》りがちであることに為政者が悩まされていたものと思われます。

「鹽《こ》」の字は「しお」あるいは「もろ（し）」と読みます。「精製していないにがりのある塩」のことで[1]、精製していないにがりのある塩は「固くない」という意味から「もろい、おろそか」に転じたものと考えられます。本条ではその否定として「（公務は山積しており、片時も）疎《おろそ》かにできないもの」という意味に解されます。

現代においても、始業のベルが鳴るか鳴らないかの時にあわてて職場に駆け込んでくるようでは、緊急に入ってきた電話や用件にスムースに対応することは難しく、また、夕方が近づくにつれて麻雀仲間や飲み友達を探すようでは、職務怠慢《しょくむたいまん》と判断されても仕方ないでしょう。時間通りに出勤することはもちろんのことですが、少し早めに出勤し勤務開始定刻には心の余裕をもって仕事に取り掛かることが肝要でしょう。

ただし、朝早くに出勤していても、のんびりと新聞を広げたりタバコを吹かしたり、あるいは釣りやゴルフ談議にいつまでも花を咲かせているようでは周囲の人に迷惑をかけているだけです。出勤してからゆっくりと新聞に目を通すことを〝情報収集〟と称している輩《やから》もいるようですが、そうであるかないかは客観的に察しがつくものであって、〝新聞・タバコ・雑談〟の三点セットを併せもつ人は、組織のモラルを低下させる「人罪」であることが多いようです。

また、企業の役職に就《つ》いて遅く出勤し早く退勤していた人ほど、定年退職後も勤めていた会社の周りを徘徊《はいかい》する傾向にあります。ほかに楽しみがないのか、ハローワークで〝部長ならできます〟としか言えない程度の仕事しかしてこなかったせいかわかりませんが、退職後まで、それも陽が沈む頃になって遊び仲間を探し求める姿には、老いた「喪家《そうか》の狗《いぬ》」「喪中の家は忙しく、世話をしてもらえずに宿無しになった犬。身を寄せる所もなく、さまよっている人のたとえ」を連想してしまいます。

組織に巣食う「人罪」と「人在」

本条の真意は「官公吏は、公僕たるがゆえに自ら率先して公務に精励《せいれい》せよ」との要請と解釈できますが、現在は「税金をいかに自分たちの為に使うか」ということに精励している各省庁・役所の醜聞《しゅうぶん》が殊《こと》のほか多いように思います。あるいはまた、永年納めてきた年金が正当に支給されないなどの年金問題がいつまで経《た》っても解決されないのは、いったい何を意味しているのでしょうか。そしてこの事は、諸役人だけの愚行《ぐこう》にとどまりません。

国会審議において、早急《さっきゅう》なる対応が求められる重要案件を多く抱《かか》えているにもかかわらず、いつまでも一案件に拘泥《こうでい》したり、あるいは刑事的事件を国会で追及することが先だとして重要審議をボイコットするような愚行《ぐこう》がたえず行われています。国会において、国民が与党・野党に求めているのは本質的な政策論議であって、ドラマチックな刑事論争やワイドショーではないはずです。

また、国民にとって真に重要な論議が行われるべき国会審議中に、居眠りして舟を漕《こ》いでいる議員、読書に勤《いそ》しんでいる議員、装飾品やネクタイを弄《もてあそ》んでいる議員、数人で談笑している議員などの姿がテレビ画面に映し出されることも別に珍しいことではありません。

さらには、昨日までいかにも積極的な所信を開陳《かいちん》していながら、翌日になって突然職務を放り出して辞任するトップの姿も例外ではなくなりました。いかなる原因があるのか政治の舞台裏のことは理解できませんが、どうやら「人罪」や「人在」は現代の国会の中にも数多く巣食っているようで誠に心許《こころもと》ないことと思われます。

職分における「任務と実務と雑務」

仕事における〝三つの要素〟

わが国では、「凡人は定刻に出勤し定刻に退勤する。仕事人間は早く出勤し遅く退勤する。遅く出勤し早く退勤するのは職務怠慢以外のなにものでもない」と評された時代が長く続いていました。しかし時代は変遷し、フレックスタイム制が導入され、業務の量や進行に応じた仕事配分を個人の裁量《さいりょう》に委《ゆだ》ねる自由裁量制《じゆうさいりょうせい》が選択される時代にあって、出・退勤時間は人や仕事を評価する尺度ではなくなりました。ネット社会となった今では、会社に出勤しなくて自宅で業務を遂行することも珍しくなくなっています。

しかし、仕事における〝三つの要素〟は昔も今も変わりはしないと思われます。その三つの要素とは、周知のごとく「任務」と「実務」と「雑務」です。「任務」というのは、その人に課せられた果たさなくてはならない務めであり、その仕事の意義・目的に直接関わるものです。「実務」というのは、任務を実現するために起こす実際の行動そのものであり、いつまでにどのような状態に至っておくべきかという「目標設定」を抜きにしてはありえません。この実務を実際に遂行する前段階のこまごまとした用務あるいは段取りを

「雑務」といいます。

一つのプロジェクトや組織の中にはさまざまな職責・職分があり、個々の職分に応じて三要素の具体的内容は異なってきますが、いずれの職分においても「任務」「実務」「雑務」の三要素は必ず構成要素として存在しています。

「段取り七分、仕事三分」

任務を果たすために目標を設定し実務を遂行することは、当事者にとっても上司・部下にとっても目にみえる目標管理行動です。しかし、実際には目にみえる仕事よりも目にはみえない〝水面下での仕事〟が成功の鍵を握ることが多いと思われます。俗っぽい喩《たと》えですが仕事の相手を接待する場合でも、行き当たりばったりの接待が可能な関係ならともかく、通常であれば一次会や二次会の段取りをして店の協力を得ておくほうが成功の確率は高いでしょう。

また、組織活動の一つである営業を取りあげても、成功のためには詳細な市場調査が欠かせません。しかも、詳細な市場調査を実施するためにはさまざまな人の協力を得るための下工作が必要であり、調査に支障を来《きた》さないように〝よき人間関係〟を普段から構築しておく必要があります。

よく「段取り七分、仕事三分」といわれますが、それほどに仕事の中で雑務の占める割合は高いのです。むしろ、仕事とは〝雑務の連続〟といってよいほどです。この水面下の仕事、つまり段取り・雑務をきちんとこなせないようでは、再現性・継続性のある仕事はできず、その結果、より重要な仕事を任せる信頼が生まれてこないといえます。

雑務をこなし、実務を遂行し、一つひとつ任務を果たすことによって人は次なる仕事へと飛躍し、企業人としてまた人間として成長するものです。人間が成長するとさらに高度な仕事を任せられるようになりますが、自分に与えられた基本的雑務や段取りもできないようでは、結局地道なプロセスを構築することができず、いつまでも雑な仕事にとどまっていることになります。そういう人ほど、「俺はこんな雑務をするためにこの会社に入ったのではない」とか、「会社は俺の能力をみる目がない」と文句をいうばかりで、やがてやむなく転職を余儀なくされる状況に陥ることにもなります。

しかし、このような人は何処《どこ》へ行ってもまず使いものにはならないでしょう。結局は人生においても〝粗いプロセス〟を形作るばかりであり、ついには〝雑務的人生〟を送ることで一生を終えることになるのです。哀れなことといわざるを得ません。

第九条　信は是れ義の本なり

九に曰《いわ》く、信《しん》は是《こ》れ義の本《もと》なり。事毎《ことごと》に信《しん》有れ。其《そ》れ善悪成敗《ぜんあくせいばい》は要《かなら》ず信《しん》に在り。群《ぐん》臣《しん》共に信《しん》あらば、何事《なにごと》か成《な》らざらん。群臣信《しん》なくば、万事 悉《ことごと》く敗れん。

〔訳〕第九条。〈信《しん》〉つまり誠のこころは〈義〉の根本である。何ごとをなすにも誠のこころを籠《こ》めてやりなさい。事の善悪や成功失敗は要するに誠のこころを籠めているかどうかにかかっている。お互いが誠のこころを以《もっ》てことに当たれば、何ごとも成らぬことはない。誠のこころがなければ、万事 悉《ことごと》く失敗するであろう。

〝まこと〟のこころ

本条は、何ごとに対しても〝まこと〟のこころで取り組むことの重要性が説かれています。第九条の「九」という数字は陽数の極み［陰陽思想では奇数を陽とし（偶数は陰）、九は一桁の奇数（陽数）の中で最大」であり、また十七条のちょうど真ん中にあたりますので、第一条「和《わ》を以《もっ》て貴《たっと》しと為《な》す」とともに「憲法十七条」の中核になる精神が籠《こ》められているとみてよいでしょう。それが「信は是れ義の本なり」です。人生におけるさまざまな課題を前にして誠心・誠意を尽くさないということは、人として行うべき正しい道とはいえません。

信と誠は共に〝まこと〟と読み、単に「（他人に対して）嘘をつかない」だけではなく、〝慎独《しんどく》〟（独《ひと》りを慎《つつし》む）して自らを欺《あざむ》かないことであり、また心の愉快《ゆかい》を覚える〝自慊《じけん》〟に帰結《きけつ》することでもあります。

何ごとにおいても、利欲にひかれないでものごとの筋道を立てる〈義〉を忘れず、〝まこと〟のこころで臨んでおれば、いずれ他人から「信用・信頼」される人物となり、さらにお互いが信じ合えるようになれば、結果としてものごとがうまく運ぶようになります。

第一条にいう「上和《かみやわ》らぎ、下睦《しもむつ》びて、事《こと》を論ずるに諧《かな》えば、則《すなわ》ち事理《じり》自《おの》ずから通ず、何事《なにごと》か成《な》らざらん」においても、根底に〝まこと〟ある和《わ》・睦《ぼく》であってこそ「解決できないものはない」といえましょう。

〈信〉と〈義〉、いずれが第一義か

さて、『論語』「学而第一《がくじ》」に「信《しん》、義に近づけば、言復《げんふ》むべきなり」とあります。〈義〉（人として行うべき正しい道／物事の道理に適《かな》うこと）と結びつかない〈信《しん》〉というものはまだ十分とはいえないものであり、〈義〉を踏まえた〈信〉であってこそ初めてそのことばを信用することができるという意味です。つまり、『論語』では〈義〉を第一義、〈信〉の根本ととらえており、憲法十七条の〈信〉が〈義〉の根本であるとする趣旨とはいささか異なった意味となります。そこには、日本と中国の政《まつりごと》に対する歴史と思考・判断の違いが現れていると考えられます。

儒教では、本来〈仁《じん》・義《ぎ》・礼《れい》・智《ち》〉の四徳《しとく》が根本として先にあり、後にこれら四徳を失わざるがために〈信《しん》〉を加えて「五常《ごじょう》」となした思想的流れがあります。長い間広漠《こうばく》とした国土の至る所で群雄割拠《ぐんゆうかっきょ》・治乱興亡《ちらんこうぼう》の歴史を歩んできた中国では、〈信〉であったはずのものから裏切られることが幾度となく繰り返されており、改めて〈義〉を見据えた〈信〉というものを声高に叫ばざるを得なくなったのでありましょう。

一方、豊かな自然風土に恵まれ、主に稲作を中心とした集団的共同生活を基盤としてきた日本的な思想としては、稲作にみられるように、多くの人の協力の下でものづくりに取り組むことが正しい道と心得られてきました。このように、日本では〈義〉よりも〈信〉、つまり〝まこと〟のこころや〈和〉のこころが第一義として重要視されたのも自《おの》ずと肯《うなず》かれることです。

「民、信なくば立たず」

ところで、本条の典拠《てんきょ》を前述した『論語』「学而第一《がくじ》」にとる注釈書が多いのですが、私はむしろ「顔淵第十二《がんえん》」にある次の成句を挙《あ》げたいと思います。

子貢《しこう》、政《まつりごと》を問う。子曰《しいわ》く、食《しょく》を足《た》らし、兵を足らし、民之《これ》を信ず。子貢曰《しこういわ》く、必ず已《や》むことを得ずして去らば、この三者に於《お》いて何をか先にせん。曰《いわ》く、兵を去らん。子《し》貢曰《こういわ》く、必ず已《や》むことを得ずして去らば、この二者に於《お》いて何をか先にせん。曰《いわ》く、食を去らん。古《いにしえ》より皆《み》な死あり。民《たみ》、信無《しんな》くば立《た》たず。

〈子貢が政治について孔子に質問した。孔子の答は、食糧の充足、軍備の充足、人民が信頼の心をもつこと。子貢はさらに尋ねた。やむを得ず以上三つの中でどれかを捨て去らねばならぬ場合は、どれを一番先に捨て去りますか。孔子の答は、その場合は軍備を捨てよ。子貢はさらに尋ねた。やむを得ず残った二つの中でどちらかを捨て去らねばならぬ場合は、どちらを先に捨て去りますか。孔子の答は、その場合は食糧を捨てよ。有限の人生において、最後の人間の条件となるもの、それは信義ないしは信頼である。人民は、信が無ければ存立しない」[10]〔＊引用文献10)を一部改変〕

この第九条にいう「群臣信《ぐんしんしん》なくば、万事《ばんじ》悉《ことごと》く敗《やぶ》れん」の句は、まさにこの「民、信無くば立たず」そのものに通じる主張であると考えられます。また、『論語』「為政《いせい》第二」には、

人にして信無《な》くんば、其《そ》の可《か》なるを知らざるなり。大車《たいしゃ》、輗《げい》無く、小車《しょうしゃ》、軏《げつ》無くんば、其《そ》れ何を以《もっ》て之《これ》を行《や》らんや。

〔人でありながら信義のないようなものは、人として取るべきところはない。たとえてみれば、大車に輗《げい》が無く、小車に軏《げつ》が無いとすれば、それでどうして車を進めることが出来得よう。その輗・軏が車におけると同様に、信義は人と人とを結び付ける大切なきずなである。その信義がないとすれば、人間として社会生活は営めるものではない〕[12]（＊輗は牛と荷車を、軏は馬と車をつなげる部分）

とも述べています。人は〈信〉つまり意を誠にして生きてこそ〝ひと〟となるのです。

「意を誠にする」ということ

自分で自分をごまかさない

儒教の経典《けいてん》『大学《だいがく》』によれば、「誠意」について「所謂其《いわゆるそ》の意《い》を誠《まこと》にすとは、自《みずか》ら欺《あざむ》くこと毋《なか》れとなり。悪臭《あくしゅう》を悪《にく》むが如《ごと》く、好色《こうしょく》を好《この》むが如《ごと》くす。此《こ》れを之《こ》れ自慊《じけん》と謂《い》う。故《ゆえ》に君子は必ず其《そ》の独《ひと》りを慎むなり」と説明されています。

「意を誠にする」ということは、自分で自分をごまかさないことであり「慎独《しんどく》の精神を磨く」ということです。（第五条の論考参照）

「慎独」とは己《おの》れ独《ひと》りを慎《つつし》むということで、「慎独の精神を磨く」とは人が見ていないところでも聞いていないところでも自分自身の言動を慎む工夫《くふう》を凝《こ》らすことです。己《おの》れを慎む工夫を繰り返し繰り返し積み重ねていくうちに、その意《こころ》は自《おの》ずと誠になっていきます。己れを慎む工夫とは、一つには「自《みずか》らを欺《あざむ》かないということ」であり、また一つには、「自分の世界・自分の時間を大切にして自己を磨くこと」です。

まず、「自らを欺かないということ」が大事です。他人に対して嘘をつかないということは社会的に受容されている道徳であり、大勢《たいせい》としては順守されているかのように思われます。しかし、自分に対して「自《みずか》らを欺《あざむ》かないということ」は、非常なる決意が伴わなければ為しがたいものであります。

腰に差《さ》した二刀《にとう》に命《いのち》をかけた宮本武蔵《みやもとむさし》は、「我《われ》、事《こと》において後悔《こうかい》せず」と言いましたが、このことばには、何でもすぐに後悔することで自分をごまかしてしまう中途半端な自己批判を否定した強い覚悟が読み取れます。武蔵にとって後悔はそのまま死に結びつくものであり、〝自らを欺かない〟という決意にはこの武蔵の真剣なる心境と相《あい》通じるものがあります。

次に、「自分の世界・自分の時間を大切にして自己を磨くこと」も、独りを慎む工夫として忘れてはならないものであります。

よく「自分のやりたいことが何かわからない」という声を聞きますが、そもそもそう言うこと自体が自分に対する甘えであり、自らをごまかしていることでありましょう。若くして初めから自分のやりたいことが目の前に提示されることなど、よほど特殊な例を別としてほとんどの場合ありえないことです。何でもいいですから、まず現実に目の前にあるものに真剣に、わが誠を以《もっ》て取り組むことが肝要《かんよう》です。汗と涙を流し血肉《ちにく》躍《おど》らせる経験を積み、この件についてはあの人に頼もうと他人が思うほどに精進《しょうじん》することです。目の前のことに誠実に取り組む行動の中から、やがて自《おの》ずと自分のやりたい一事《いちじ》が定《さだ》まってきます。

そこに到る過程においても、また一事が定まった後においてはなおさらのこと、自分の世界・自分の時間を大切にして自分を磨くことが〝人物を創る〟礎《いしずえ》となります。自分の時間を持てない人は己れを磨くことを放棄している人であり、〝壺中《こちゅう》の天《てん》〟（自分の世界）を持てない人は哀れな人といわざるを得ません。

無名でありながら市井《しせい》にあって自分の人格を磨き、ささやかではあっても自分なりの生活をその人格でもって貫いて生きている人がいます。世俗的な地位や財産や名誉などの外《がい》物的《ぶってき》・相対的《そうたいてき》なものに拘泥《こうでい》することなく、自らを欺かず、自らの世界を大切にし、毅然《きぜん》として絶対的に生きる人、己《おの》れ自《みずか》らに慊《あきた》りて満足し（自慊《じけん》）、なんら他に求めるところがないという心境に到れる人、そういう人物になりたいものです。かの孔子も、「疏食《そし》を飯《く》らひ水を飲み、肱《ひじ》を曲《ま》げて之《これ》を枕《まくら》とす。楽しみ亦其《またそ》の中に在《あ》り。不義《ふぎ》にして富《と》み且《か》つ貴《たっと》きは、我に於《お》いて浮雲《うきぐも》の如《ごと》し」（『論語』「述而第七《じゅつじ》」）と言っています。

「士規七則」―師と友

この「慎独《しんどく》の精神を磨く」上で欠かせないのが、我に刺激を与えてくれる「師と友」です。そして、この「師友」に関連して思い起こされるのが吉田松陰《よしだしょういん》の「士規七則《しきしちそく》」です。

「士規七則」とは、野山獄《のやまごく》にあった松陰が安政二年（一八五五年）正月、叔父《おじ》玉木文之進の嫡男《ちゃくなん》すなわち松陰の従弟《いとこ》である玉木彦介《たまきひこすけ》の元服《げんぷく》に際して祝詞《しゅくじ》として書き与えたものとされています。後には松下村塾《しょうかそんじゅく》にも掲《かか》げられて門人に暗誦《あんしょう》させたとも、自宅幽囚《ゆうしゅう》時代の安政五年（一八五八年）に松下村塾と交流のあった育英館からの派遣生大谷茂樹に書き与えた[13]ともいわれています。

「士規七則」は松陰の思想の根底にある国体観念や武士の修養について訓《おし》えたものですが、現在、全則を知る機会が少なくなっていますので以下に列記します。

一、凡《およ》そ生まれて人たらば、宜《よろ》しく人の禽獣《きんじゅう》に異なる所以《ゆえん》を知るべし。蓋《けだ》し人には五《ご》倫《りん》あり、而《しこう》して君臣父子《くんしんふし》を最も大なりと為す。故《ゆえ》に人の人たる所以《ゆえん》は忠孝を本《もと》と為す。

一、凡《およ》そ皇国《こうこく》に生まれては、宜《よろ》しく吾《わ》が宇内《うだい》に尊き所以《ゆえん》を知るべし。蓋《けだ》し皇朝《こうちょう》は萬葉《まんよう》一統《いっとう》にして、邦国《ほうこく》の士夫《しふ》世々《よよ》禄位《ろくい》を襲《つ》ぐ。人君は民を養ひて以《もっ》て祖業《そぎょう》を続《つ》ぎたまひ、臣民は君に忠して以《もっ》て父志《ふし》を継ぐ。君臣一体、忠孝一致、唯《た》だ吾が国のみ然《しか》りと為《な》す。

一、士道《しどう》は義より大なるは莫《な》し、義は勇に因《よ》りて行はれ、勇は義に因《よ》りて長《ちょう》ず。

一、士行《しこう》は質実《しつじつ》欺《あざむ》かざるを以《もっ》て要《かなめ》と為《な》し、巧詐《こうさ》過《あやまち》を文《かざ》るを以《もっ》て恥《はじ》と為《な》す。公明正大、皆是《これ》より出《い》ず。

一、人は古今に通ぜず、聖賢《せいけん》を師とせずんば則《すなわ》ち鄙夫《ひふ》なるのみ。書を読み友を尚《たっと》ぶ(読書尚友《どくしょしょうゆう》)は君子の事なり。

一、徳を成し材を達するに、師の恩友の益(師恩友益《しおんゆうえき》)多きに居《お》る。故《ゆえ》に君子は交遊《こうゆう》を慎む。

一、死而後已(死して後已《のちや》む)の四字は、言簡《げんかん》にして義該《ぎひろ》し。堅忍果決《けんにんかけつ》、確乎《かっこ》として抜くべからざるものは、是《これ》を舎《お》きて術なきなり。

右士規七則、約《やく》して三端《さんたん》と為《な》す。曰《いわ》く、「志《こころざし》を立てて以《もっ》て万事《ばんじ》の源と為す。交《まじわり》を択《えら》びて以《もっ》て仁義の行いを輔《たす》く。書を読みて以《もっ》て聖賢の訓《おしえ》を稽《かんが》ふ」と。士苟《いやし》くもここに得《う》る有らば、亦《また》以て成人と為すべし。

「士規七則」六条目にある「師恩友益《しおんゆうえき》」が人物を創る上で重要であり、それゆえに誰と交遊を結ぶかを真剣に考えなければならないと松陰は言います。

「士規七則」において私がさらに関心を深めたことは、「士規七則」を要約した三端《さんたん》（三項目）の「立志《りっし》」「択交《たくこう》」「読書《どくしょ》」がまさに「志」「友」「師」と結び付けられることであり、「憲法十七条」第二条の論考で述べた「法」「僧」「仏」の三宝とも重なることです。

君子は交遊を慎む

「師と友」以外の「人間関係」に揉《も》まれることも、人間の幅を広げる上で重要なことです。人間関係において留意すべきは、自らが他人に対して誠を尽くすことをまず基本とすることですが、いつもいつも〝よき人間関係〟が構築できるとは限りません。相手がいかなる人物であるかによって、やむをえず応対を変えざるを得なくなることもたまにはあります。

その場合は、思考方法を少し変えてみることもいいでしょう。実に人間関係のもつれというものは、自他《じた》を同一の土俵上に置くところから生じるものであって、ひとたび次元を変えるならば無用《むよう》の葛藤《かっとう》を起こさなくてもすむと思います。相手が〝小人《しょうじん》〟（度量《どりょう》が狭く、人徳もない小人物《しょうじんぶつ》）であるとわかってしまえば、もはや〝浅くこれと接すべきのみ〟です。

人と人との間にはさまざまな交わりがあります。『論語』では、「利《り》に放《よ》りて行えば、怨《うら》み多し」（「里仁《りじん》第四」）として、己れの利益ばかりを求めてものごとを行うことを戒めており、自分の利益本意で行動する者とは「道同じからざれば、相為《あいため》に謀《はか》らず」（「衛霊公《えいれいこう》第十五」）をわが意とすればよかろうと思います。義を志す者と利を志す者とは往《ゆ》く道が違っており、あえて行動を共にする必要はありません。「ゆえに君子は交遊を慎む」とは、松陰「士規七則」中の一句でもありました。

〝まこと〟（信・誠）を貫くためには「慎独《しんどく》」「師友」「人間関係」という要素を強く心しなければなりませんが、その目的はあくまで〝人物を創る〟ことにあります。「師友」を得てさまざまなことを学び、「慎独」を心がけて精神を鍛《きた》え、多様な「人間関係」をもって人間を練《ね》る、その積み重ねの中で人間としての内容が充実し、人格が培《つちか》われ、度量《どりょう》が広くなり、命《めい》が運《うご》き、立命に到ることができるのです。

そして、迂遠《うえん》なことのようではありますが、古今の聖賢に学ぶということ、もっとはっきりいえば〝古典を読む〟ということが着実に人物を創っていく第一歩であろうと信ずる次第です。「外面《そとづら》を飾ることに追われるばかりの心貧しき憐《あわ》れな衆生《しゅじょう》」というだけの人生を過ごしたくはないものです。

第十条　人の違うを怒らざれ

十に曰《いわ》く、忿《いかり》を絶《た》ち、瞋《いかり》を棄《す》てて、人の違《たが》うを怒《いか》らざれ。人皆《みな》心有り。心各《おのおの》執《と》るところ有り。彼《か》れ是《ぜ》とすれば則《すなわ》ち我《わ》れは非《ひ》となし、我れ是《ぜ》とすれば則《すなわ》ち彼れは非《ひ》となす。我れ必ずしも聖《ひじり》に非《あら》ず。彼れ必ずしも愚《おろか》に非《あら》ず。共に是《こ》れ凡夫《ただひと(ぼんぷ)》のみ。是《ぜ》非《ひ》の理《ことわり》、なんぞ能《よ》く定《さだ》むべけんや。相《あ》い共に賢愚《けんぐ》なること、鐶《みみがね》の端《はし》なきが如《ごと》し。是《ここ》を以《もっ》て、彼《か》の人瞋《ひといか》ると雖《いえど》も、還《かえ》って我《わ》が失《あやまち》を恐《おそ》れよ。我れ独《ひと》り得《え》たりと雖《いえど》も、衆《しゅう》に従《したが》って同《おな》じく挙《おこな》え。

〔訳〕第十条。心の憤《いきどお》りを絶ち、目に角《かど》を立てていかりを表さぬようにし、他の人が自分の意のままにならぬからといって腹を立ててはいけない。人は皆それぞれ思うところがあり、またこだわり執着《しゅうちゃく》するところもある。他の人が正しくて自分が間違っていることもあれば、逆に自分が正しくて他の人のほうが間違っていることもある。そのように、必ずしも自分がすぐれているわけではなく、また他の人が愚かとも限らない。われらは共に凡夫《ぼんぷ》ではないか。聖人のように是非善悪《ぜひぜんあく》の道理をはっきりと見定めることがどうしてできようか。いずれが賢者であるか愚者であるかは丸い鐶《かん》（輪）の端がないように見極められるものではなく、至らぬ点ではお互い同じことではないか。このゆえに、相手が怒ったら、自分に思い違いや至らぬ点があるのではないかと反省せよ。自分の考えが正しいと思っても独断是認《どくだんぜにん》せず、多くの人の意見も尊重し協調して事に当たるのがよい。

三つのいかり──忿・瞋・怒

仏教には基本的な煩悩として「貪《とん》・瞋《じん》・癡《ち》」の「三毒《さんどく》」があり、そのことについては第五条の論考でも触れました。そして、「貪」については第五条の「饕《むさぼり》」や「欲」に仮託《かたく》して、「癡」については第一条の「党」に仮託して述べられていました。

本条ではもう一つの「瞋」について述べられており、いうまでもなく、第一条「和を以《もっ》て貴《たっと》しと為《な》し、忤《さから》う無《な》きを宗《むね》と為《せ》よ」の〈和〉を妨げるものとして取りあげられています。

「忿を絶ち、瞋を棄てて、人の違うを怒らざれ」には、「忿《ふん》・瞋《しん》・怒《ど》」という〝三つのいかり〟が含まれています。この「忿」は憤《いきどお》り怒る心の意を、「瞋」は怒って目をむく意を、「怒」は心がいきりたつ意を表すようです。[1] また、「忿」というのは〝いかり〟がまだ心の中におさまっている状態ですが、「怒」は具体的な言動として外に現れた状態といえます。

軽度の〝いかり〟は、ムカッとした立腹の状態で心の中に生まれますので「忿」、もう少し強い〝いかり〟は顔に表れ、特に目で睨《にら》みつけることから「瞋」、さらにそれが高じると〝いかり〟が爆発し、「何をやっているのだ！」と語気を荒げ、実際に手を上げることにもなる「怒」となります。

私たち「凡夫」は、この〝三つのいかり〟を棄《す》て去ることが実に難しいわけですが、本条は、そのような我執《がしゅう》や煩悩《ぼんのう》からくる〝喧嘩ごころ〟を抑制するべく、その考え方を述べたものです。

なぜ、〝いかり〟をおぼえるのか

そもそも、「忿・瞋・怒」といった〝三つのいかり〟をおぼえるのはなぜでしょうか？

それは、己《おの》れと相手の考え方に違いがあるところに生じる葛藤《かっとう》に外《ほか》ならず、特に相手が自分の思いどおりにならない場合に「苦」となり、強い〝いかり〟となって現れます。

『春秋左氏伝《しゅんじゅうさしでん》』「襄公《じょうこう》三十一年」に、「人心の同じからざるは其の面《つら》の如し。吾《わ》れ豈敢《あにあ》えて子《なんじ》の面を吾が面の如くせよと謂《い》わん」とあります。

この地球上には、これまで数えきれないほどの多くの人たちが生きてきましたし、現在も数十億人という多くの人たちが生きています。しかし、身体の中の狭い部位であるにもかかわらず、一人として同じ顔の人はいません。人の心というものも、人の顔がそれぞれ違うように各々《おのおの》違うものです。あなたの顔を私の顔と同じにせよといってもできないように、自分の思いや考え方を相手に押しつけることなど、できなくて当然なのです。

「人皆心有り。心各《おのおの》執《と》るところ有り」は、理屈では皆わかっているのです。だから、「彼の人瞋ると雖も、還って我が失を恐れよ」なのです。相手が怒った場合には、自分に思い違いや至らぬ点があるのではないかと反省することです。

「三本指の教え」というのがあります。「人を指させば、他の三本の指は自分を指している」。この出典については寡聞《かぶん》にして知らないのですが、要するに、〝いかり〟で相手を指さして非難する場合、人差し指は相手に向かっていますが、それよりも多い三本の指は自分を指しているということです。自分にも悪いところが、ひょっとしたら相手よりも多くあるかもしれないと自覚することが重要です。

仮に自分の考えが正しいと思っても、相手の言い分を聴き、また多くの人の意見も尊重し協調して事に当たるのがよいでしょう。

不動明王と大日如来

さて、「忿」は心の中の〝いかり〟であり、「瞋」は目に表れた〝いかり〟であり、「怒」は実際の言動として現れた〝いかり〟で、いずれも憤怒《ふんぬ》の形相《ぎょうそう》を示唆《しさ》しています。それはまさしく右手に剣を持ち、左手に羂索《けんさく》（「けんじゃく」ともいう）を握り締め、光背《こうはい》に炎を燃え上がらせる不動明王《ふどうみょうおう》の形相を思い起こさせます。

右手の剣はすべての煩悩を切り棄《す》て、炎はすべての煩悩《ぼんのう》を焼き尽くし、憤怒の形相は人間の内面を反省させるとともに、悟ろうとしない人間を叱り励ますのです。また左手の羂索は、煩悩を縛り付けるとともに、煩悩に惑わされている衆生《しゅじょう》を救い上げようとしているのです。

ここにおいて、煩悩の衆生でありながらも努力・向上の意欲ある「凡夫《ぼんぷ》」であれば、他人に向けて直《ただ》ちに怒りを移すことをせず、我執《がしゅう》を棄て去り、自分に至らぬ点がありはしないか、独断是認《どくだんぜにん》している点がありはしないかを謙虚に反省し行動することが求められます。それができれば、やがて不動明王の憤怒の形相がまさに大日如来《だいにちにょらい》の温和な相としてみえるようになるでありましょう。

人間というものは、多く自分本位でものを考え、狭い自分の了見《りょうけん》でものをみる傾向があります。したがって、自分の考えていることに文句をつけられたり、自分と異なる立場からあれこれと意見を述べられたりすると、その理由の如何《いかん》にかかわらず、妙に腹の立つものです。

本条において提唱されているように、「忿・瞋・怒」の〝いかり〟を棄て、心身を静かに和らげて、その上で他の人も自分と異なる意見を持っているのだということを受容することが大切です。また、人にはそれぞれその時に与えられた立場というものがあり、その立場上からやむなく強く言わなければならない時もあることを弁《わきま》え、相手の立場を容認する度量《どりょう》を持つことも必要でありましょう。

私たち「凡夫」にとって、「忿・瞋・怒」といった〝三つのいかり〟を抑えることはなかなかに難しいことですが、どんな時でも、「あぁ、そうか」と水に流せる冷静さあるいは度量といったものを持ちたいものです。

彼我《ひが》ともに「共に是れ凡夫のみ」であることを認識し、執《とら》われる心（執着心）をなくして〝心を正す〟ことが、人間性をさらに大きく育てることになります。

「心を正す」ということ

なぜ、〝いかり〟を抑えなければならないのか

己れと相手の考え方に違いがあるところに生じる葛藤《かっとう》、特に相手が自分の思いどおりにならない場合に「苦」となり〝いかり〟が起こってくるわけですが、では、なぜ、〝いかり〟を抑制する必要があるのでしょうか？

それは、「忿・瞋・怒」のいずれの〝いかり〟であっても、正常心あるいは正しい心（正心《せいしん》）を失わせることになり、その結果ろくなことにならない場合が多いからです。

「正心《せいしん》」について、『大学《だいがく》』では「身忿懥《こころふんち》する所あれば、則《すなわ》ち其《そ》の正《せい》を得《え》ず。恐懼《きょうく》する所あれば、則ち其の正を得ず。好楽《こうごう》する所あれば、則ち其の正を得ず。憂患《ゆうかん》する所あれば、則ち其の正を得ず。心焉《ここ》に在《あ》らざれば、視《み》れども見えず、聴《き》けども聞こえず、食《く》らえども其の味を知らず。此《こ》れを、身を修《おさ》むるは其《そ》の心を正《ただ》しうするに在《あ》りと謂《い》ふ」と説明されています。

まず、「忿懥する所あれば、則ち其の正を得ず」です。

「忿懥」の「懥《ち》」は「うらみ、いかる」という意味で、「忿懥」とは「怒ってかんしゃくを起こす」ということ、[1]つまり「忿・瞋・怒」の〝いかり〟の類語といっていいでしょう。

「忿懥」のような強い〝いかり〟の感情が起これば、心がかき乱されて正しい心（正心：正常な心）あるいは平常心を失い、その時の情勢にうまく対応できなかったり、的確な判断を下したりすることもできなくなります。

　ですから、正常な心の働きを保持してその時々の状態・環境に対応するためにも、「忿・瞋・怒」のいずれの〝いかり〟であっても、これを抑えることが大切になってきます。

「正《せい》を得ず」（正しきを得ず）は、「忿懥する所」だけではありません。「恐懼する所あれば、則ち其の正を得ず」であり、心に恐れを抱いて怯《おび》えている場合にも正しい判断や的確な対応を得ないことになります。

　次に、「好楽する所あれば、則ち其の正を得ず」です。「好楽」については、「こうらく」と読んで好み楽しむ意を、「こうがく」と読んで音楽を好む意を、「こうごう」と読んで好みねがう意を表します。[1]本句では「こうごう」の読みが相当し、あるものに対する好みが深く、それに耽《ふけ》るほどに心は正常ではなくなります。

さらに、「憂患《ゆうかん》する所あれば、則ち其の正を得ず」です。「患」は「うれい、わずらい」で、「憂患」は「うれい、心配事」ということです。[1] 心配が過ぎて何も手につかない時も、やはり心乱れて「正心」を失ってしまいます。

心がかき乱されて正常な心（正心）あるいは平常心を失った時に、「心焉《ここ》に在《あ》らざれば、視《み》れども見えず、聴《き》けども聞こえず、食《く》らえども其の味を知らず」となるわけです。そして、「心を正しくすること」が「身を修める（修身）こと」になるのだと、『大学』では説いています。

煩悩・執着多き凡衆《ぼんしゅう》はとかく「忿・瞋・怒」に心乱れ、あるいは恐れおののいて身を震わせ、あるいは好み願うものに溺《おぼ》れ、あるいは憂《うれ》いに苦しむことが度々《たびたび》でありますが、それらの感情によって心が覆《おお》われている時は正しい判断ができないといって過言《かごん》ではありません。

では、忿懥《ふんち》、恐懼《きょうく》、好楽《こうごう》、憂患《ゆうかん》する所を去って「心を正す」ためには、どういった心がけ・心構えが必要なのでしょうか？

「思いどおりにならない人生」を悟る

繰り返しますが、〝いかり〟とは己《おの》れと相手の考え方に違いがあるところに生じる葛藤《かっとう》に外《ほか》ならず、特に相手が自分の思いどおりにならない場合に〝いかり〟が現れ、それが「苦」ともなるわけです。裏を返せば、「苦とは、思いどおりにならないこと」といえましょう。

仏教には、苦について「四苦八苦」ということばがあります。この「八苦」の中にある〈生・老・病・死〉の「四苦」についてはどなたもご存知のことですが、残りの「四苦」には次のようなものがあります。

一つは、「愛別離苦《あいべつりく》」です。これは、〈愛するものと別離することの苦しみ〉です。次に「怨憎会苦《おんぞうえく》」で、これは〈嫌悪している人と会うことの苦しみ〉です。次に、〈何かが欲しくても手に入れることができない苦しみ〉の「求不得苦《ぐふとくく》」。最後の一つは「五蘊盛苦《ごうんじょうく》」です。これは、〈人間の心身を構成している五要素（五蘊）から生ずる苦しみ〉です。五蘊とは、五つの集まりという意味で、人間を含めてあらゆる存在は、①物質的なもの（色《しき》）、感受作用（受《じゅ》）、表象作用（想《そう》）、潜在的心作用（行《ぎょう》）、認識作用（識《しき》）の五つの構成要素から成り立っているとされます。[9]

〈生・老・病・死〉の「四苦」については、何人《なんびと》といえども避けることができないものであり、〔愛別離苦・怨憎会苦・求不得苦・五蘊盛苦〕を含めた「八苦」は人が生きていく上で、思いどおりにならないものです。そういった「四苦八苦」をいたずらに哀しみ、悩み、愚痴をいってもはじまりません。人生とは、また世の中とはそういうものだと悟ることが大事です。それを悟ることが、いかなる場合も心乱れず平常心を保ち、「心を正す」根本となります。

人生には、「苦」以外にも〔喜・怒・哀・楽〕といった四者がついてまわります。悟りとは、この喜怒哀楽を超越することではありません。喜怒哀楽の情というものがついてまわるのであれば、この工夫こそが人生を左右するといっても過言ではありません。つまり、避けることのできないこの四者といかに付きあうかが大事になってくるわけです。

「喜ぶべきを喜び／怒るべきを怒り／哀しむべきを哀しみ／楽しむべきを楽しむ。

そして、その後は、水に流して執着しない」

そういった心がけが大事だろうと思います。

「心を正す」ための道――「八正道」

忿懥《ふんち》、恐懼《きょうく》、好楽《こうごう》、憂患《ゆうかん》する所を去って「心を正す」ための心がけ・心構えの二つ目は、正しい道（正道《しょうどう》）を歩むということです。日ごろから、〝まこと〟を尽くして正しい行為、正しい実践を心がけることで、自《おの》ずと心は正されていきます。

仏教においては、八つの正しい道（八正道《はっしょうどう》）の実践行《じっせんぎょう》として説かれています。「八正道」とは、〔正しいものの見方（正見《しょうけん》）、正しい考え方（正思《しょうし》・正思惟《しょうしゆい》）、嘘や二枚舌でない正しい言葉（正語《しょうご》）、五戒なども含めた正しい行い（正業《しょうごう》）、誠実で正しい生活（正命《しょうみょう》）、調和のとれた正しい努力（正精進《しょうしょうじん》）、ものごとの本質を見極める正しい意識・反省（正念《しょうねん》）、煩悩を断ち、涅槃《ねはん》へと導く正しい精神統一・安定（正定《しょうじょう》）〕という八つの正道のことです。[1)]

人生の目的は、結局、正しい道・真実の道を体得し実践するにあるといえます。正しい道を往《ゆ》くこともなく、また真実の道を聞くこともない生き方をすれば、それはまさに酔生《すいせい》夢死《むし》の生き甲斐《がい》なき生涯といえましょう。外面的なことに心を奪われ、心を内面の高揚《こうよう》に用いていけぬようでは、まだまだ道を論ずるまでには到らないといえます。

その「正しい道」を間違いなく歩み往《ゆ》くための基本として、〝思考の三原則〟というものが安岡正篤《やすおかまさひろ》師により提唱されています。

一つは、目先だけをみないで長期的視野の下《もと》にものを観察すること。次に、一面的・部分的ではなくて、多面的・全面的にものごとを考察すること。さらに、枝葉末節《しょうまっせつ》にとらわれないで、根本的にものごとの本質は何かを洞察《どうさつ》することです。

その三原則（長期的・多面的・根本的）を根本として〝正しい道を歩み楽しむ〟ことこそが、真実の〝道楽《どうらく》〟であるといいます。

「本心」に生きる

「心を正す」ための心がけ・心構えの三つ目は、「本心《ほんしん》」に生きるということです。「本心」とは、「偽ったり飾ったりしない心／生まれつき持っている真心《まごころ》、良心／正気《しょうき》、本気」を意味しますが、もう一つ「木のもと株」という意味もあります。[1)] 木というものは、もと株がしっかりしてさえおれば挿《さ》し木《き》や取り木などで増やすことが可能で、子々孫々《ししそんそん》久しく朽《く》ちることはないと聞きます。この「木のもと株」を〝人のもと株〟とみることも、「心を正す」上では面白いと思います。

人にとっての「もと株」とは〝生命の根源〟を指すのでありましょうが、人は露ほどの命しか持たぬがゆえに、「本心」を見失わず、世事《せじ》に煩《わずら》わされず、余事《よじ》にかまけず、「今できること・今やらねばならぬこと」に一所懸命《いっしょけんめい》になることが重要なことであるといえましょう。

生まれつき与えられた真心《まごころ》を尽くしてそれをやるだけの時間しか与えられていないのですから、つまらないことにいつまでもクヨクヨ・フラフラしている時間はないはずです。忿懥《ふんち》することなく、恐懼《きょうく》することなく、好楽《こうごう》することなく、憂患《ゆうかん》することなく、常に「平常心」「正常心」を失わず、〝人のもと株〟としての「本心」に生きることが「心を正す」ことであり、それが身を修めることになります。

ところで、勝海舟《かつかいしゅう》は「行蔵《こうぞう》は我に存す、毀誉《きよ》は他人の主張、我に与《あずか》らず、我に関せずと存候《ぞんじそうろう》」と喝破《かっぱ》しましたが、すべての起点は世間にあるのではなく自分にあるのです。他人はいろいろ言うでしょうが、それは他人がかってに言っていることです。自分のことではなく、他人のことで思い煩っても仕方ないではありませんか。

人は他人に認めてもらえないと自信をなくし、自分を卑下《ひげ》する傾向にありますが、正しい理念、正しい信念を持って、自分が自分になりきってゆくことが大切です。「自分が今やるべきことを、きっちりとやっていく」、それが心を乱すことなく「正心」を保持していくコツです。

幕末の剣客《けんかく》・高橋泥舟《たかはしでいしゅう》の句に、「欲深き 人の心と降る雪は 積もるにつれて道を失ふ」

とあります。欲望、煩悩、執着を棄《す》て去り、人は例外なく死ぬる存在であると悟ったところに「正しい道」を求める心が生ずると思います。

人は、いつかは必ず死にます。要は、死を意識した生き方を忘れぬことで、それを忘れさえしなければ「正常心」「正しい心」を失うことはないでしょう。そこに、人としての崇高な姿が現れてくると思われます。

晴れてよし　曇りてもよし　富士の山　もとの姿は変《かは》らざりけり

――山岡鉄舟――

第十一条　功過を明察して、賞罰必ず当てよ

十一に曰《いわ》く、功過《こうか》を明察《めいさつ》して、賞罰《しょうばつ》必ず当《あ》てよ。日者《このごろ》、賞《しょう》は功《いさお》に在《お》いてせず。罰《ばつ》は罪《つみ》に在《お》いてせず。事《こと》を執《と》る群卿《ぐんけい》、宜《よろ》しく賞と罰とを明らかにすべし。

〔訳〕第十一条。賞罰を行う時は、功績があったか過失があったかを十分に見極め、必ず適正に行うようにせよ。ややもすると、功績がないのに賞を与えたり罪がないのに罰したりする場合がみられ、賞罰を執り行う者は、賞罰を明らかにして間違いのないようにこころせねばならぬ。

適正なる信賞必罰こそ、治政の要諦

本条は、論功行賞《ろんこうこうしょう》を行う際の執行者の姿勢について述べたものです。手柄《てがら》のない者に賞を与え罪なき者を罰するということは、政治や組織運営を危うくする原因でありながら、

これも時世時節《ときよじせつ》にかかわらずよくみうけられる光景です。個人の業績評価において、〝あいつは愛《う》い奴（いつもオレのいうことを聞くけなげなやつ）だからチョット点数を上げてやろう。こいつはオレにゴマをすらぬから点数を下げておこう〟などと私情《しじょう》を挟《はさ》まれてはたまったものではありません。

百官を指導統率し政治の合理化を図るシステムとして設けられた「冠位十二階の制」は、その人の功労に応じて冠位が授けられ、また功労が増すにつれて上位に進められた日本初の制度であり、これにより多くの人物が活躍できたことは歴史に明らかです。

本条は、第五条とも関連して、饗応《きょうおう》や賄賂《わいろ》に屈せず私情を挟まないで信賞必罰《しんしょうひつばつ》を行うよう、執行者の心がけを直《なお》くすることをその旨《むね》としています。

ところで、私情を挟むことと人情主義とはまったく異なるものであることに留意したいものです。私情を挟むことは公平さを損ない正道《せいどう》を踏み外すことにもなりかねませんが、ほどよき人情主義を以《もっ》て信賞必罰を行うことは、人に生まれつき具《そな》わっている思いやり・惻隠《そくいん》の情《じょう》を致すことでもあって、決して全面否定されるものではないでしょう。

その共感しやすい喩《たと》えがお馴染《なじ》みの〝大岡裁《おおおかさば》き〟であり、不合理な私情を挟むことのない勧善懲悪《かんぜんちょうあく》・信賞必罰をバックボーンとした人情裁きにより、人が活かされることは多いものです。もちろん、過剰なる人情主義が人をダメにすることも弁《わきま》えておかなくてはならず、そのさじ加減こそ統率者の人格・力量に負うものと思われます。

「南洲翁遺訓」における信賞

「目標管理制度」の矛盾

国家の存在あるいは企業組織の存続において、根本となるべき大綱《たいこう》の一つは適正なる信賞必罰です。しかるに、この大綱が具体的な政治や経営の中に適正に反映されていないことが多いようです。適正なる信賞必罰は「功過《こうか》を明察《めいさつ》する」ことが根底になければなりませんが、これがことばでいうほど易しいものではない故《ゆえ》でありましょう。

現在、企業活動において目標管理制度を導入しているところが多くなりました。社員一人ひとりに、自分の業務に関わる二〜三年先の「中・長期目標」ならびに半期ごとの「短期目標」を作成させ、上司との話し合いで決定した目標に向けての日々実践努力、その結果に対する評価を以《もっ》てボーナス査定や昇格・降格を行う目標管理制度は、従来の年功序列体系から実力主義体系への移行・定着に活用されています。

しかし、一見合理的にみえるこの制度は、現場では必ずしも適正に受け入れられてはいません。その理由は、そもそも前提となっている目標が真に妥当なものであるかどうか、またその結果を評価するものさしが共有されたものであるかどうか、さらには査定する人が適正な判断を下しているかどうかにあります。つまり、目標と結果ならびに評価の妥当性が問題なのです。また査定となると、いやでも他人との相対的比較が行われるため、場合によっては功労に相応《ふさわ》しくない低い評価に甘んじなければならない時もあります。その時期の会社の業績・環境にも影響を受けるでありましょう。それほどに功過を明らかにして信賞必罰《しんしょうひつばつ》・論功行賞《ろんこうこうしょう》を一貫して公平に行うことは難しいようです。

さらに、あまりにも数値そのものに絶対的な力を持たせたことで、萎縮したり気分障害を訴えたりする一方で高い評価が得られるように巧妙な目標作りに精魂を傾ける社員も現れます。本来企業が大切にすべき人間性の尊重や人材育成の目的からかけ離れてしまって、滑稽でもあり、また寂しくもありといったところでしょうか。

官職は、その人物をみて任ずべし

さて、『西郷《さいごう》南洲《なんしゅう》遺訓《いくん》』（「南洲《なんしゅう》翁《おう》遺訓《いくん》」）という本があります。西郷南洲とは幕末・明治に活躍した西郷隆盛《さいごうたかもり》のことで、これは西郷南洲の遺訓を纏《まと》めたものです。私の手元にある山田済斎《やまだせいさい》編（岩波文庫）の「書後の辞」によれば、この遺訓を集めたのは薩摩藩の人ではなく庄内藩の人であったといいます。

鳥羽伏見《とばふしみ》の戦いをきっかけとして起こった戊辰戦争《ぼしんせんそう》により日本は江戸時代から明治時代となりましたが、庄内藩は会津藩・桑名藩とともに最後まで官軍に抵抗したため、重い処分を受けるものと覚悟を決めていたといいます。その庄内藩の処分が殊《こと》のほか人間的に扱われた裏に西郷隆盛の意向が働いていたとされ、その偉大さと人柄に惚《ほ》れた庄内藩士が西郷南洲に会い、親しく教えを乞《こ》うて聞いたところを集めたものが「南洲翁遺訓」です。その一番目に、

廟堂《びょうどう》に立ちて大政《たいせい》を為《な》すは天道《てんどう》を行ふものなれば、些《いささか》とも私を挟みては済まぬもの也《なり》。いかにも心を公平に操《と》り、正道《せいどう》を踏み、広《ひろ》く賢人を選挙し、能《よ》く其職《そのしょく》に任《た》ふる人を挙《あ》げて政柄《せいへい》を執《と》らしむるは、即《すなわ》ち天意也《てんいなり》。夫《そ》れゆえ真に賢人と認《みとむ》る以上は、直《ただち》に我が職を譲る程ならでは叶《かな》はぬものぞ。故《ゆえ》に何程《いかほど》国家に勲労《くんろう》有る共、其職《そのしょく》に任《た》へぬ人を官職を以《もっ》て賞するは善《よ》からぬことの第一也《だいいちなり》。官は其人《そのひと》を選びて之《これ》を授け、功有る者には俸禄《ほうろく》を以《もっ》て賞し、之《これ》を愛し置《お》くものぞ（後略）[14]

とあります。

「政府の中枢にあって政治を執《と》り行うことは、天の道を踏み行うことであるから、些《いささ》かも私情を挟《はさ》んではならないものである。いかなる点においても、心を公平にして正しい道を踏み、広く賢人を選び、その職務に任ずるに相応《ふさわ》しい人を挙《あ》げて政治を執《と》らせることこそ天意である。したがって、本当に賢明でその職に適任だと認められる人が現れれば、すぐにでも自分の職を譲るぐらいの覚悟がなくてはならぬ。いくら国に功労があったとしても、その職に任ずるに相応《ふさわ》しくない人に官職を与えて賞することは最悪のことである。官職というものは、その人物たるを選んでこれに任じ、功労があった者に対しては金品をあげて大切にしておくのがよろしい」

このように南洲翁は言っていますが、「憲法十七条」第七条でも、「古《いにしえ》の聖王は、官の為に以《もっ》て人を求め、人の為に官を求めず」と述べています。

官公庁からの天下《あまくだ》りは一向になくなりそうにはありませんが、官公庁との関係を都合よく継続したいだけで為される〝天下り人事〟は、多面的にみれば弊害《へいがい》のほうが多いのではないかと疑いたくなります。また、企業内の人事そのものにおいても、徳のない人が高い地位を得るほど組織の不合理、部下にとっての不幸はありません。これこそ組織運営の一番の誤りでありましょう。功過《こうか》を明察《めいさつ》して賞罰を行うことも難しいのですが、賞罰をどのような形で具現化するかもまた難しいことであります。

そして、「南洲翁遺訓《なんしゅうおういくん》」はさらに続けて言います。「命《いのち》もいらず、名《な》もいらず、官位も金もいらぬ人は、仕末《しまつ》に困《こま》るもの也《なり》。此《こ》の仕末《しまつ》に困《こま》る人ならでは、艱難《かんなん》を共にして国家の大業《たいぎょう》は成《な》し得《え》られぬなり」と。現代の世に、艱難を共にして大業を成し得るような〝仕末に困る人〟は、いったいどこにいるのでしょうか。

東洋思想の〝聖賢の学〟

〝此の仕末に困るような人〟が出現する母胎《ぼたい》を養う所以《ゆえん》の学道・思想は、やはり東洋思想の〝聖賢の学〟ではないでしょうか。少なくとも、現代の世相や教育のあり方からは、俸禄《ほうろく》を以《もっ》て賞する人間は現れても、職に任ずるに相応《ふさわ》しい徳ある人はなかなか現れにくいと思われます。

小学校から英語を教えることもいいでしょうが、それよりも、『小学《しょうがく》』や『論語』により伝統思想の涵養《かんよう》を図ることのほうが、人の徳性を養う上ではるかに重要なことだと思われます。週に一回、それも十分か十五分あればよいでしょう。一年生から六年生まで、そのレベルに合わせた項目を週一回誦《しょう》するだけで、どれだけ日本の将来が明るくなるかしれません。しかし今や、『小学』や『論語』などの伝統思想を、生徒よりもまずは教師に教えなければならないという情けない状況にあります。

　このように述べると、必ず〝有識者〟といわれる一部の人から反論が起こります。「『小学』や『論語』などの古い道徳あるいは封建道徳を今どき強要するのは時代遅れもはなはだしい」と。確かに、今から約二五〇〇年も前の文章をそのまま現代語訳すれば、理解の及ばないところや現代の様相に合わないところもあるでしょう。しかし、道徳や倫理の本質は、今も昔もそれ程変わるわけではありません。そのすべてを無考察に受容するのではなく、明らかに現代に相応しくない部分は相応しくないものとして解説し、根本なるもの、真如《しんにょ》なるものを摑《つか》むことが重要です。その工夫を凝らすことに、教師たる者の活躍の場があるのではないでしょうか。必ずしも新《しん》なるものが真《しん》であるとは限らず、旧《きゅう》なるものが朽《きゅう》であるとは限りません。

　各々《おのおの》の民族には、優先させるべき大切な根本的な教育というものがあるはずです。教育のあり方についてはもっと真剣に、根本的・多面的・長期的に討議されてしかるべきなのですが、〝ゆとり教育だ！〟〝否、授業時間を増やせ！〟〝教科書の頁数を減らせ！　いや、増やせ！〟など、二転三転する表面的討議ばかりでは、まことに心許《こころもと》ないことだと言わざるを得ません。

第十二条　百姓より斂めとること勿れ

十二に曰《いわ》く、国司《くにのつかさ》・国造《くにのみやつこ》、百姓《ひゃくせい》より斂《おさ》めとること勿《なか》れ。国に二君《にくん》非《な》く、民に両主《りょうしゅ》無し。率土《そつと》の兆民《ちょうみん》は、王《きみ》を以《もっ》て主《しゅ》と為《な》す。任ずる所の官司《かんし》は、皆是《こ》れ王臣《おうしん》なり。何ぞ敢《あえ》て公《おおやけ》と与《とも》に百姓《ひゃくせい》より賦《おさ》め斂《と》らん。

〔訳〕第十二条。地方に派遣された国司《くにのつかさ》や地方官である国造《くにのみやつこ》は勝手に民から税を取り立ててはならぬ。国に君主は一人だけであり、民にとって主《しゅ》は二人といない。わが国のすべての民は、大王《おおきみ》（天皇）を以て主《しゅ》となしている。公職に任ぜられている役人も皆大王《おおきみ》の臣下であるのだから、どうして正規の徴税以外に民からむさぼりとってよいであろうか。

聖徳太子偽作説の根拠と反論

本条は、地方官の中間搾取《ちゅうかんさくしゅ》を戒めるとともに、国としてのあり方を租税の面から述べたものです。国民の税金を〝裏金〟として半ば私的に流用したり、国民にとって不合理と思われるような出費に充《あ》てたりすることも、我利私欲《がりしよく》を求める邪心《じゃしん》は中間搾取と似たようなものでしょう。いつの時代も、公金を横領したり、悪賢《わるがしこ》く裏金を生み出したりして私腹を肥やすような精神の矮小化《わいしょうか》した小人《しょうじん》が存在することは、浅ましくもあり悲しくもあります。

「率土《そつと》」とは「率土之浜《そつとのひん》」の略であり、「浜」は陸地のどの果てまでもという意味から、「土に率《したが》う」は国土のある限りという意味になります。また、「兆民《ちょうみん》」というのは多くの人民を意味しており、本条ではすべての国民は大王《おおきみ》（天皇）の下《もと》に平等なる臣下であるとされています。

「官司《かんし》」の官は「役所、役人」の意味を含み、司は「おそらくもと祭祀《さいし》に関する字」で「神事をつかさどる」意味を含みます。[6] ここでは、朝廷の役人も祭祀を司る人も共に臣たる立場を忘れてはならぬとされ、さらに、臣下も庶民もすべて大王《おおきみ》の下に平等であるがゆえに民から搾取《さくしゅ》して困窮《こんきゅう》に陥れてはならぬと訓戒《くんかい》しています。

「憲法十七条」の聖徳太子偽作説の有力な根拠となった一つが、本条の「国司」です。

「国司」とは「くにのつかさ」あるいは「くにのみこともち」と訓《よ》み、国造（くにのみやつこ：大和朝廷時代の世襲《せしゅう》の地方官、地方の豪族）を統御《とうぎょ》するとともに、皇室の屯倉《みやけ》を監督する任務をもって地方に派遣された臨時の地方長官のことです。

偽作説は、「国司《こくし》というものが大化改新の前にあったはずはない」[15]として、「憲法十七条」が推古朝に制作されたことを否定します。同じく、歴史上「国司《こくし》」という国の長官の制度ができるのは八世紀初頭の「大宝令」からで、「大宝令」以前には国司という職名は存在しないという説もあります。

しかし、『日本書紀』（顕宗《けんぞう》期／崇峻《すしゅん》期／孝徳《こうとく》期）や『播磨国風土記《はりまのくにふどき》』の六世紀以前の記事にも「国司」がみえますし、「国宰」（くにのみこともち）という役職名の存在も確認できます。

また、「中央集権的国家観」がみられるというのも偽作説の根拠とされていますが、六〇〇年に派遣された遣隋使は「中央集権国家・隋」の国情を目の当《ま》たりにしており、その報告を受けたわが国の為政者が、中央集権国家を理想として内政充実を図ろうとしたことは十分に考えられることです。

あるいはまた、「憲法十七条」が『日本書紀』にのみ伝えられ他には一切《いっさい》みられないという理由から、『日本書紀』編纂《へんさん》にあたって編纂者により捏造《ねつぞう》されたとする説もあります。

その他にもいくつかの偽作説が展開されていますが、一方でこれら諸説に反論する聖徳太子真作説もまた多く、決着は将来的にもつきそうにありません。

さらに、本条文に述べられた「国に二君非《にくんな》く、民に両主無《りょうしゅな》し」「率土《そつと》の兆民《ちょうみん》は、王《きみ》を以《もっ》て主《しゅ》と為《な》す」「百姓《ひゃくせい》より賦《おさ》め斂《と》らん」という実態についても問題提起がなされています。この条文の趣旨は、大王《おおきみ》を主《しゅ》とした国にあってすべての土地ならびに民は公のものであるがゆえに中間搾取《ちゅうかんさくしゅ》はまかりならぬということですが、七世紀初頭までは氏族制社会の下《もと》で、蘇我氏・物部氏・大友氏といった大豪族もその基盤として〝私地私民〟を擁《よう》していたはずであり、本条文を告示することができるようになったのは〝公地公民〟が唱えられた大化改新以降ではないかというのです。この件についてはさらに議論されるべきでしょう。〔序章「憲法十七条の概要」参照〕

日本の国体と天皇

「日本国憲法」に対する認識

今、日本の国体が問われています。国体とは「主権または統治権の所在によって区分される国家の形態」（『明鏡 国語辞典』）であり、日本国とはどういう国家であるか、どのようなあり方を本質とするものであるかということです。その国家のあり方を明晰《めいせき》な条文で定義したものが「憲法」であり、憲法はまさしく国家の根本法といえます。その「日本国憲法」の前文を少し読んでみますと、第一段落は、

日本国民は、正当に選挙された国会における代表者を通じて行動し、われらとわれらの子孫のために、諸国民との協和による成果と、わが国全土にわたって自由のもたらす恵沢を確保し、政府の行為によって再び戦争の惨禍が起ることのないやうにすることを決意し、ここに主権が国民に存することを宣言し、この憲法を確定する。そもそも国政は、国民の厳粛な信託によるものであつて、その権威は国民に由来し、その権力は国民の代表者がこれを行使し、その福利は国民がこれを享受する。（略）

とあります。

ここでは、確かに、主権が国民に存在し、権力が正当に選挙された国会における代表者によって行使されることが明記されてはいますが、文章が冗長的《じょうちょうてき》なことから〝わが国の国体がいかなるものか〟という最重要の命題について、国民一人ひとりに伝え切れていないのではないでしょうか。

現に、日本国民の国体認識の希薄さは、主権在民の柱とされる選挙投票率の低さに現れています。国政を担う政治家を国民が的確に選ばないと、政治も経済も教育もバラバラで、いずれそのつけが国民に回ってくることになるのです。しっかりした政治家を選挙で選ぶ責任が国民一人ひとりにあることを肝《きも》に銘《めい》じるべきでしょう。〝人気・タレント性〟だけで選ぶなどというのは〝以《もっ》ての外《ほか》〟ではないでしょうか。

続く第二段落は、

日本国民は、恒久の平和を念願し、人間相互の関係を支配する崇高な理想を深く自覚するのであつて、平和を愛する諸国民の公正と信義に信頼して、われらの安全と生存を保持しようと決意した。われらは、平和を維持し、専制と隷従、圧迫と偏狭を地上から永遠に除去しようと努めてゐる国際社会において、名誉ある地位を占めたいと思ふ。（略）

と続きます。

これは言ってみれば、諸国が攻めてこないことを当てにして他国任せの平和と安全を守ろうという意味にも解せられ、いわば自衛権の曖昧《あいまい》さを露呈《ろてい》しています。他国任せの防衛でありながら、言うことだけは一人前という印象がどうしても否めません。「お金も基地も提供しますからどうぞわが国を守ってください」という姿勢なのでしょうか。どうも国家自立の精神に欠けるように受け取れます。

さらに第三段落は、

われらは、いづれの国家も、自国のことのみに専念して他国を無視してはならないのであつて、政治道徳の法則は、普遍的なものであり、この法則に従ふことは、自国の主権を維持し、他国と対等関係に立とうとする各国の責務であると信ずる。

として、政治道徳の法則つまり国際貢献への責務が述べられています。国際的なテロ対策の中で、また侵攻好きの国々に囲まれている日本が、今後いかなる行動をとるかが注目されます。

「日本国憲法」は世界にも稀な平和憲法で、実によくできているとは思います。一方で、戦争に敗れて半ば押し付けられた憲法であるともいわれ憲法改正論議も喧《かまびす》しいのですが、その争点が「第九条　戦争の放棄」ばかりに集中しているきらいもあります。

頑《かたく》なに「第九条」に執着するだけでなく憲法の条文すべてを俯瞰《ふかん》した上で、現憲法を護《まも》るのなら護ると明確に宣言するか、また現憲法に改めるべき点があるとすれば大いに議論するべきであり、矛盾を背負ったまま憲法論議を後世まで引きずるべきではありません。いつまで経《た》っても国家のあり方を明確にする「憲法」を確たるものにしないものですから、国自体が事あるごとに揺れています。

「日本」と「日の丸」

日本国民の国体認識の希薄さは、日本がいかなる国家であるのか、日本はこれからいかにあるべきかという国家の本質を見出せないことでもあり、現代の日本人が日本人としての生き方を見失っていることにも通じています。

日本国民の象徴たる天皇、その天皇が慈《いつく》しむ国民、その国民によって選ばれたる国会議員によって治められている議会制民主主義の「日本《にっぽん》」という国家のあり方が、誰もが共有し得《う》る概念として簡潔明瞭に把握されなければならないと思います。

繰り返すようですが、国家の根本法である憲法をいつまで中途半端な状態で放っておけば気が済むのでしょう。単純に多数決で決済する横暴によるのではなく、大いに議論を交えた上で、改正するならする護《まも》るなら護ると、今の内に確《しっか》りとした結論を出すべきです。

また、〝日出《い》ずる処《ところ》〟の象徴ともいえるわが国の国旗に対する政府および一部の国民の対応も稚拙《ちせつ》としかいいようがありません。一時の軍国主義にのみ焦点を当てて「日の丸」を忌み嫌うのではなく、どうして「日の丸」の起源や歴史に思いを致そうとしないのでしょうか。

朝鮮の史料『三国史記』「新羅《しらぎ》本紀」に、「倭国、号を日本《にっぽん》と更《あらた》む。自ら云《い》ふ、日の出《い》づる処に近し、以《もっ》て名と為す」とあります。この「自ら云ふ、日の出づる処に近し」というのは、六〇七年に派遣された遣隋使持参の国書「日出づる処の天子、書を日没する処の天子に致す。恙《つつが》なきや（云々《うんぬん》）」を指しているのは明らかです。「日本」という国号も、「日の丸」という国旗も、その起源はここにあります。

また、幕末・明治の時代に帝国主義列強の脅威の中で毅然《きぜん》として独立した日本のシンボルとして、あるいは武田信玄・上杉謙信はもとより後醍醐天皇が用いたとされる「白地に赤い日の丸」を、わが国の長い歴史の中でとらえることがなぜできないのでしょう。

そして、そのことを明確に国民に示すこともせず成り行きに任せている国の態度にも釈然としないものがあります。オリンピックをはじめ国内外の各種行事の中で打ち振られる

「日の丸」は、やはり〝日出ずる国〟の国旗として相応《ふさわ》しいものではないかと、私は思っています。

〝象徴天皇〟の歴史

次に、「日本国憲法」の最も重要であるべき第一章第一条が「天皇」についての記載で起草されています。そのことは、日本は天皇を上に戴《いただ》いて国が安らぎ、天皇を見失って国が乱れることを潜在的に示唆《しさ》しているようであり、実際に太平洋戦争で敗れるまでのわが国の長い歴史において天皇の権威は侵すことのできないものでした。戦後ＧＨＱが天皇制を残した最大の理由もこの潜在的示唆にあったといわれています。

しかし、敗戦後に存続せしめられた天皇制においては、天皇は統治権を奪われて〝象徴天皇〟とならざるを得なくなり、権威と権力とを保持した〝純然たる天皇制〟はここに消滅したといってよいでしょう。

翻《ひるがえ》って、実際に〝天皇親政〟が行われた時代を振り返ってみますと、その時代というのは案外少なかったのではないでしょうか。

実のところ、わが国の長い歴史の多くの時代において、天皇は祭祀的《さいしてき》あるいは名目的な権威としての象徴ではあったものの、政治的権力の行使者ではなかったように思われるのです。

大日本帝国時代の天皇はまさに〝現人神《あらひとがみ》〟として権威・権力の第一人者と見做《みな》されましたが、それ以前の江戸時代においては、中期から幕末にかけて勤皇思想《きんのうしそう》の台頭《たいとう》がみられたものの、天皇は徳川将軍の政治権力の下《もと》で『禁中並公家諸法度《きんちゅうならびにくげしょはっと》』により政治から遠ざけられ、有職故実《ゆうそくこじつ》や学問の領域に専念させられるとともに、幕府の統治権力維持に利用されるに甘んじざるを得なかったといえます。

歴史を遡《さかのぼ》って、織豊《しょくほう》政権の時代も、鎌倉・室町の時代も、天皇としての名目的権威は保持されつつも、その権力は武士により抑圧される傾向が強かったといえます。武士の世は、天皇の権威と権力を見事に分断させ、名目的権威を天皇のもとに残しながらも天皇を雲の上に押しやり、実質的な政治的権力を武士が握ることに成功しました。それでは、武士の世になる前はどうだったでしょうか。

六四五年、中大兄《なかのおおえ》（後の天智王《てんぢおう》）と中臣鎌足《なかとみのかまたり》（後の藤原鎌足）らが宮中で豪族の最たるものであった蘇我入鹿《そがのいるか》を暗殺し、翌年大化改新の詔《みことのり》が宣せられて、わが国は中央集権国家に向けて歩みはじめます。そして六七二年、古代史上その後の歴史に大きな影響を与えることになる「壬申の乱《じんしん》」が起こります。

これに勝利した大海人皇子《おおあまのみこ》（天武天皇《てんむてんのう》）は飛鳥浄御原宮《あすかきよみはらのみや》に入り、その皇后である持統《じとう》天皇《てんのう》との夫婦政権は、強力な天皇親政を行ってわが国を中央集権国家へと導くことになります。それまで「倭《わ》」と称していたわが国の国号が「日本《にっぽん》」と改められ、「大王《おおきみ》」に替えて「天皇」の称号が正式に定められたと推定されるのが、この七世紀後半から八世紀初頭とされています。

また、「憲法十七条」を語るとき話題となる「国司《こくし》」任用の位階が初めて規定されたのは六七六年であり、実質的に天皇としての権威・権力が一体のものとなるのは、諸国の国造《くにのみやつこ》を統御《とうぎょ》するとともに皇室の屯倉《みやけ》を監督する任務をもって地方に派遣された国司《くにのつかさ》により安定的な統治力と経済力を持つことが可能になった〝この時代〟と考えられます。

しかし、天武・持統の夫婦政権による強力な天皇親政は、まもなく持統天皇を補佐した藤原不比等《ふじわらのふひと》の台頭によりひとたび幕を閉じることになるのです。

藤原不比等が台頭しはじめた頃は、天皇の権威・権力が最も強かったと思われますが、その天皇の権威を利用して繁栄したのが不比等系統の藤原氏であり、そのきっかけとなったのは不比等の娘《むすめ》で聖武天皇《しょうむてんのう》の皇后となった光明皇后《こうみょうこうごう》でした。さらに、この聖武天皇の生母もまた宮子《みやこ》という不比等の娘《むすめ》でした。藤原氏が摂政《せっしょう》・関白《かんぱく》の地位を独占する時代になると、天皇は権威のみがあって権力から遠ざかってくれるほうが藤原氏にとって都合がよく、やがて天皇は権威の根源として在位するだけで、権力を行使する第一人者ではなくなってしまうのです。

ところで、天皇（あるいは大王《おおきみ》）を雲の上の存在たらしめたのは、必ずしも摂関政治の世や武士の世になってからではなく、その萌芽《ほうが》は既に推古朝にみられます。当時、天皇に匹敵する権力を持つようになった豪族蘇我馬子《そがのうまこ》は、推古女帝の統治権力を祭祀《さいし》中心の権威へと押しやり、馬子とその血を引く厩戸王子《うまやとのみこ》に政治権力を集中させるように画策したものと推測されます。

推古女帝に与えられた祭祀中心の権威は、日本の政《まつりごと》が祭事《まつりごと》として始められた時代、おそらく邪馬台国《やまたいこく》の女王卑弥呼《ひみこ》が祭祀を司っていた時代から引き継がれてきた権威であり、馬子はそれを巧《たく》みに政治から遠ざけることに成功したと考えられるのです。また、そのための女帝擁立ではなかったでしょうか。

独断と偏見を許していただくならば、国を統治する大権をもって天皇親政を行ったのは、せいぜい天智《てんぢ》、天武、持統、聖武（諸国の国分寺・国分尼寺の建立を契機に中央集権促進）、桓武《かんむ》（長岡・平安両京の造都）、嵯峨《さが》（〝薬子《くすこ》の変《へん》〟を収拾して平安朝四〇〇年の基礎を固める）、それに後醍醐《ごだいご》（〝建武の中興〟を断行）の諸天皇ぐらいではなかったでしょうか。そして、後醍醐天皇を最後として、その後大権をもって天皇親政が行われるのは大日本帝国の明治天皇を待たねばなりませんでした。その明治天皇ですら、幕末・維新に活躍した薩長土肥を中心とする政府要人の傀儡《かいらい》であったとする見方もあります。

このように歴史を俯瞰《ふかん》すれば、〝象徴天皇〟と思《おぼ》しき時代が長く続いたことが実相《じっそう》のようであり、〝象徴天皇〟が戦後における特異的な立場であるとはいいきれません。しかしながら一面において、政治の世界に登場した権力者のほとんどは、天皇のもとに権威を残し、皇室によって己れの権勢を行使してきたこともまた事実です。それはとりもなおさず、皇室・皇族が古《いにしえ》より伝えられる祭祀を中心として徳の涵養《かんよう》、天籟《てんらい》の学問の伝統を継承しながら存続してきたことの貴さを敬い、畏怖《いふ》の念を抱いてきたからにほかならないでしょう。

世界でも最たる歴史をもって畏敬《いけい》せられてきた皇室の徳というものあるいはその意義を思い、これからも皇室・皇族を含めた日本国民全体で、天皇の地位というものを存続・継続させていくことの大切さに思いを致す必要がありましょう。

第十三条　同じく職掌を知れ

十三に曰《いわ》く、諸《もろもろ》の官に任ずる者は、同じく職掌《しょくしょう》を知れ。或《ある》いは病《や》み、或《ある》いは使《つかい》して、事を闕《か》くこと有らん。然《しか》れども、知ることを得《う》る日には、和すること曾《かつ》て識《し》れるが如《ごと》くせよ。其《そ》れ与《あずか》り聞《き》くにあらざるを以《もっ》て、公務《こうむ》を妨《さまた》ぐること勿《なか》れ。

〔訳〕第十三条。それぞれ（公）職にある者は、自分の職務として担当する仕事内容だけではなく、同僚たちの仕事内容についても同じようによく心得ておかなければいけない。例えば病のため欠勤することもあるだろうし、あるいは出張のため職場をぬけることもあるだろう。しかし、職場においてそのような不測《ふそく》の事態《じたい》が生じることがわかった時は、皆が和やかな気持ちで協力し合い連携を図って、以前からその業務に精通していたかのごとく遂行しなければならない。自分のあずかり知らぬことだからといって、公務を妨げるようなことがあってはならぬ。

職場における〈和〉の精神

本条は、職にある者、特に公務員というものは、与えられた自分の仕事だけをやっていればよいというものではなく、お互いの職務を理解し合い助け合って、公務に支障を来《きた》すことがないようにせよとの教えです。

第七条に「人には各々《おのおの》任有り、掌《つかさど》ること宜《よろ》しく濫《みだり》ならざるべし」とあり、自分に課せられた仕事に対して誠を尽くすべきだと諭《さと》していますが、本条ではさらに突っ込んで、同僚たちがどのような仕事をしているのかについても心得ておくことが重要であると説きます。その理由は、担当者不在というだけで公務が滞《とどこお》ってはならぬからですが、特に管理職にある人は、組織の機能が滞らないように常日頃から留意しておくことが責務となります。

現代は、仕事が多様化あるいは細分化する状況にあるとはいってもお互い密接な関係にあり、職場でのコミュニケーションの重要性とともに、一段高い目で自分の職務の位置づけをしっかり踏まえ、さらに同僚や部下の仕事についてもある程度は知っておく必要があります。匠《たくみ》の世界は別として、自分の仕事だけに閉じこもって他の仕事を顧みないようでは幅広い仕事に通暁《つうぎょう》することはできず、いずれ使いものにならない人となってしまうでしょう。真っ先にリストラされる人には、それなりの理由が必ずあるものです。

「闕《けつ》」の声符はケツで「かける」と読み、缺《けつ》（欠）と通用します。「昔、宮門の外の左右相対する高楼《こうろう》。門は両側にあり、中央は欠けて道になっていた」[1]という字義があることから、「欠ける」意味に通じると考えられます。ここでは、その前文に「或いは病《や》み、或いは使《つかい》して」とあることから「仕事が滞る」という意味に近いでしょう。落ち度のある政治を「闕政《けっせい》」といいますが、本条はそうならないことを戒めているといえます。

「知ることを得《う》る日には、和すること曾《かつ》て識《し》れるが如《ごと》くせよ」とは、病や出張などで職場を離れた者の立場からすれば、〔病が癒《い》えて、あるいは出張から戻って職務についた時には、自分が留守の間カバーしてくれた同僚から的確な情報を得て、仕事を滞らせることなく以前からそれに従事していたように遂行しなさい〕という意味になります。

一方、職場を離れた人の代理代行としての立場からすれば、〔従来からその人の仕事に対して心得があり、何かあればその人に代わって仕事をてきぱきとさばき、仕事を滞らせないようにする〕という意味があります。

いずれの立場であろうとも、平素から〈和〉のこころを基本としてお互いの業務を理解し協力し合うことが大切なことだと諭《さと》します。一般の企業であってもその心得の必要性は同じであり、まして公僕であれば公務を滞らせることなど以《もっ》ての外《ほか》でありましょう。それでなくとも公務が山積《さんせき》しているのです。「与り聞くにあらざるを以て、公務を妨ぐること勿れ」はよくよく心しなければなりません。

職場の組織風土と人間関係

組織風土を貶めることば

職場の組織風土を貶《おとし》めることばがいくつかあります。何か問題が生じた時の「私は聞いていない」「私には記憶がない」という責任回避表現はその代表格でありましょう。また、「すべて部下に任せていた」「すべて請負業者《うけおいぎょうしゃ》に任せていた」ということばもあります。部下あるいはスタッフあるいは請負者が起こした失敗に対する無関心・無責任な表現といえますが、当然任せっきりでよいはずはありません。任せるとは放り投げて顧みないことではなく、適時適切なフォローがなくてはなりませんし、責任者には責任者としての最終的な責任が伴うことは常識です。

責任を回避したり、いつのまにか論点をすり替えたりすることは、特に大物政治家や企業トップの得意とするところですが、卑近《ひきん》な例も少なくはないことから、これは人の持つ本能としての防衛反応とも、心の未熟さの表出とも考えられます。

このような人物が地位を得ているところに、組織の不幸があります。第十一条の論考で述べた「国（組織）に功労ある者には賞を与えよ。功労があるからといって地位を与えてはならない。地位を与えるには自《おの》ずとそれに相応《ふさ》しい識見《しきけん》がなくてはならぬ。功労があるからといって識見なき者に地位を与えると国家（組織）崩壊の原因になる」という「南洲翁遺訓」は実に正鵠《せいこく》を射《い》ています。

識見の高い人が責任者の任にある時は、そもそも小事に大事を想うことから大事に至ることが比較的少なく、何事《なにごと》も平平凡凡に進んでいくように思われます。実は、それこそが本来の理想的な姿ではないかと思います。

人物鑑定の五条件

それでは、組織を任される地位にあるべき識見ある人物とはどのような人物であるのか。その一つの〝視かた〟として、中国の戦国時代初期に魏《ぎ》の文侯《ぶんこう》に仕えた李克《りこく》が挙げた〝人物鑑定の五条件〟があります。[16]

第一は、「居《お》ては其《そ》の親しむ所《ところ》を視《み》る」。官を退いて浪人している時にどういう人間と交わっているかを視れば、その人物の程度がわかるということです。

第二は、「富《と》みては其の与うる所を視る」。金を手にした時にその使い方を視れば、人格が如実《にょじつ》に現れることは知られています。

第三は、「達《たっ》しては其の挙《あ》ぐる所を視る」。権限を有した時にどのような人材を抜擢《ばってき》・登用《とうよう》したかを視ることで、当人の人材度もわかろうというものです。

第四は、「窮《きゅう》しては其の為さざる所を視る」。逆境に陥った時にじたばたしないでじっと我慢し、静かに自分自身を磨いているかどうかです。

第五は、「貧《ひん》しては其の取らざる所を視る」。貧すれば鈍するが如《ごと》しで、貧乏した時に間違った金を手にするようでは人物がしれています。

これらはいずれも格好の人物判断材料となるもので、この五条件を満たす人物に、「私は聞いてはおらぬ」「私には記憶がない」などと言いだす人はいないものです。

活き活きとした職場風土を創る

さて、職場の組織風土を創り上げることは、リーダーのなによりも優先される任務です。

ＩＴの時代となって職場の環境は大きく変化し、職場の表層風景として全員がパソコンの画面に向かってしきりにキーボードをたたいている姿が当たり前になっています。今や定席《じょうせき》・机もなく、隣の人の仕事内容がわからないどころか、話したことも顔をみたこともないということがあり得ますし、そもそも職場に顔を出さなくても自宅で仕事がこなせる時代でもあるのです。

しかし、仮にそうだとしても、マネジメントは組織に欠かせないものです。なぜなら、マネジメントとは「管理」そのものではなく、組織や職場の理想・目的を達成するために、組織の考え方や方向性に沿いながら、次々と変化する職場環境に適切に対応して経営資源を有効活用することを目的とするものだからです。

表面的には個人個人がバラバラに仕事をしているようにみえても、あるいは職域に些細《ささい》な相違があったとしても、協力して組織の理想実現に努力する職場風土を創ることが求められているのです。縄張り意識を超えて多くの人と協調性を保持しながら仕事をすることにより、高度な仕事がより円滑に遂行でき、次第に職場における連帯感が生まれ、職場の人たちが互いに和するようになります。

活《い》き活《い》きとした職場風土を創り上げるためには、平素から組織メンバーの間にコミュニケーションを通じた連携がなければなりません。連携を上手く促進させるコツは、言い古されたことですが〝チェンジチェアの法則〟つまり自分の椅子と相手の椅子を取り替えて考えてみることです。要するに、相手の立場を理解することから始めなければなりません。相手は自分に何を期待しているのか、自分は相手に何を期待しているのか。

これは、職場に限らず家庭内にあって夫婦喧嘩を抑制するポイントでもあります。夫婦それぞれが自分の言いたいことを一方的に、時には感情的にぶつけてばかりでは犬も喰《く》いませんが、同様に、職場で自分の意見ばかりを一方的に主張するだけでは連携も取れませんし、もちろん問題解決に至ることもありません。

自己中心主義的なものの考え方が先行し、他人のことには関知せずの風潮が流行《はや》る時代だからこそ、せめて人生の多くを過ごす職場においては、仕事を通してのコミュニケーションはもちろん、もっと根底に人と人との本質的なコミュニケーションが求められてもいいのではないでしょうか。

「尊敬できる上司」と「信頼される部下」

職場風土の基盤をなす基本的な人間関係として、上司と部下の関係があります。この上司と部下の関係については、何か尊敬できるものが根底になければ心からの結びつきは絶対にできないと思います。

一般的に、「尊敬できる上司」として〔自分の仕事に精通していること、あるいは問題意識を持ち前向きに仕事を進めること〕などが挙げられますが、基本的に仕事に精通していることや前向きに仕事を進めることは当然のことであり、むしろ、仕事の能力以上に〔人間性を深めること〕が求められます。これが身についてこそ初めて真に尊敬に値する立派な上司あるいはリーダーとなり得ましょう。

本来、職業には二つの意義があります。一つは、それによって生活を営む手段とすること。もう一つは、職業である仕事を通じて世の為、人の為になるということです。この二つの意義を有することで職業は神聖であり、働き甲斐や生き甲斐に通じるのです。その〝職業観〟を持つか持たないかにより、部下や家族に与える影響は測りしれないものがあります。親がロマンを持たないで子供に夢を持てといっても難しいものがありますが、同様に、上司は自らこうありたいというあるべき姿や職業観さらには人生観を持つことが魅力であり、そのような上司に巡りあってこそ部下は感動を与えられるものと思います。

仕事上の人間関係として重要なものは、いうまでもなく顧客です。しかし、「顧客対応」の重要性は、必ずしも組織が対象としている〝顧客〟ばかりではありません。組織内のメンバーも、上司であれ、部下であれ、同僚であれ、〝あなた〟にとっては顧客です。顧客対応の基本が信用と信頼であることは論を俟《ま》たないのですが、職場内における人間関係の基本もまた信用と信頼であるといえます。信用は信頼の本《もと》となるもので、例えば「信頼される部下」になるためにはまず信用を得ることから始めねばなりません。

しからば、信用はいかにして得られるのでしょうか。それは、常に相手の期待値を上回ることでありましょう。「期待しているよりも早く仕上がった」「期待しているよりもいいものだ」「絶対に約束を破らない」「時間に正確だ」などなど。

仮にライター（執筆者）ならば、約束した締切日までに原稿を出版社に送ることです。そしてなによりも、仕上げた原稿が出版社の期待どおりであるか期待以上のものであることです。また、約束した契約内容を無視しないことです。その信用の積み重ねが、さらなる原稿依頼を受ける信頼となります。

所属組織の内外にかかわらず、仕事上においては「自分として一所懸命やりました」ということと「相手の期待値に応える、あるいはそれを上回る」ということは同義ではありません。自分として一所懸命やったことが相手の期待値を下回ることが重なれば、いつまで経《た》っても信頼関係が築かれることはないでしょう。「信は是れ義の本なり」（第九条）を、十分に心すべきです。

いかなる人であろうと、人生において人に使われる経験を持たない人はいません。どうせそうであるならば、人に上手に使われる人でありたいものです。なぜなら、「人に上手に使われる」ということは、やがて自分が人を上手に使うための最良の修行となるからです。人に使われて体認した忍耐・謙遜・温順がやがて大器になるための重要な要素となり、これを軽視するものだけが一生涯人の風下《かざしも》に立つことになります。人に上手に使われることで、〝幅広い人脈〟や〝知の管理・情の管理〟を自分のものとすることが可能になるといえましょう。

第十四条　嫉妬有ることなかれ

十四に曰《いわ》く、群臣百寮《ぐんしんひゃくりょう》、嫉妬《しっと》有ることなかれ。我《わ》れ既《すで》に人を嫉《にく》めば、人亦《また》我れを嫉《にく》む。嫉妬《しっと》の患《うれい》其《そ》の極《きわまり》を知らず。所以《ゆえ》に、智己《おの》れに勝《すぐ》れば則《すなわ》ち悦《よろこ》ばず、才己《おの》れに優《まさ》れば則《すなわ》ち嫉《にく》み妬《ねた》む。是《ここ》を以《もっ》て、五百《いほ》の乃今《いましいま》、賢《さかしきひと》に遇《あ》わしむとも、千載《せんざい》にして以《もっ》て一聖《いっせい》を待つこと難《かた》し。其《そ》れ賢聖《けんせい》を得《え》ずんば、何を以《もっ》てか国を治めん。

〔訳〕第十四条。いかなる人も、他人を嫉《にく》み妬《ねた》むことがあってはならぬ。自分が相手を嫉めば、相手もまた自分を嫉むであろう。このような嫉妬心《しっとしん》の弊害は、実に際限のないものであって、他人が自分より智が働くようであれば面白くなく、才能が自分より優《まさ》っていればまた嫉み妬む。このようなことでは（優《すぐ》れた人に嫉妬し、誹謗《ひぼう》・中傷などで出る杭を打つようでは）、五百年にしてようやく賢者に遇《あ》えたとしても、千年にして一人巡りあえるかという聖人の出現を待つことは難しい。しかし、そのような優れた人物を得なければ、どうして国を治めることができようか。

嫉妬する心を戒める

本条は、つまらぬ嫉妬心《しっとしん》から有為《ゆうい》の人材を不遇《ふぐう》に貶《おとし》める悪弊《あくへい》を戒め、組織や国を治める上で必要な聖賢の登場を待望する思いが述べられています。儒教では聖賢を得て政治を行うことを理想としており、一般的に中国思想で「聖賢」という場合、聖は孔子で賢は孟子を指すことが多いようです。

「貪《とん》」についてはむさぼりを絶ち欲望を棄てること〔第五条〕、「瞋《しん》」については目に角を立てて怒りを現さぬようにすること〔第十条〕、「癡《ち》」については「根本的無知」つまり無明《むみょう》として「党」に仮託して述べられていること〔第一条〕は既に述べました。欲望には際限がなく、瞋《いかり》は瞋を誘い、人は煩悩・執着にとらわれて無明であることがほとんどです。煩悩や執着を放下《ほうげ》して（放下著《ほうげじゃく》）、心を正すことができれば、本当に幸いであるといえましょう。

本条ではさらに「嫉妬《しっと》」について言及されています。「嫉《しつ》」は「にくむ」あるいは「ねたむ」と読み、「女がかっとなって人をねたむ意」[1]とされます。また、「妬《と》」は「ねたむ」と読み、「女が、夫と他の女との間をねたみ妨げる意」[1]とされます。両字とも部首は女（おんな）偏であり、その意味するところも女に関連させていますが、だからといって女ばかりが対象であるわけではありません。男の嫉妬も、また醜《みにく》いものです。

ひとたび己《おの》れの心に生じた嫉妬は、さらに還《かえ》って相手の新たなる嫉妬を生みます。他人《ひと》の美貌を羨《うらや》み、才能を嫉《にく》み、成功を妬《ねた》むような嫉妬する心には、人を恨《うら》む心や反抗心あるいは敵愾心《てきがいしん》しか生まれません。実に醜くくだらないことです。他人《ひと》の美貌・才能・成功などは、自分の生き様《いざま》とはなんの関係もありません。他人と比較した相対的自己《そうたいてきじこ》よりも、己れ自身がいかにあるかという絶対的自己《ぜったいてきじこ》を意識することが大切です。

本条は、嫉妬する心を戒める一方で立派な人物の登場を待望しており、第七条の「人を得《う》れば必ず治まり、時急緩《きゅうかん》となく、賢《さかしきひと》に遇《あ》えば自ずから寛《ゆるやか》なり。此《こ》れに因《よ》って国家永久にして、社稷《しゃしょく》危《あや》うきことなし」と通じています。

第七条ではさらに、「世に生まれながらに知るは少なし。尅《よ》く念《おも》いて聖《ひじり》となる（よく思慮を重ねて学んでこそ立派な人物となる）」として聖賢になる道を示していますが、本条では自ら人物たり得《う》る心得として、あるいは市井《しせい》に埋《うず》もれている逸材《いつざい》を発掘するための心得として、嫉妬《しっと》する心を戒めています。
思うに、嫉妬する心を戒める素地はよく思慮を重ねて学んでこそ身につくものであり、本条と第七条とは表裏一体の内容であるといえましょう。

「遇」の音は「グウ」、訓は「あう」で、「思いがけなく偶然にあう」や「たまたま巡りあう」という意味を含んでいます。[1]

「五百《いほ》の乃今《いましいま》、賢《さかしきひと》に遇《あ》わしむとも、千載《せんざい》にして以て一聖《いっせい》を待つこと難《かた》し」は、やや現代語に訳しにくいところですが、意味するところは、〈聖人は千年に一人出《い》で、賢者は五百年に一人出《い》づというものの、群臣《ぐんしん》や百寮《ひゃくりょう》が賢者や聖人に嫉妬して、誹謗《ひぼう》・中傷《ちゅうしょう》などによりその人の足を引っ張るようでは、いつまで経《た》っても聖賢が世に出ることは難しい〉ということであろうと思います。

〝人物〟となる第一歩は「致知格物」

出発点の平等と、結果としての不平等

嫉妬《しっと》する心にしても、恋愛する心にしても、あるいはまた信頼し尊敬する心にしても、

お互いの心というものは不思議に感応《かんのう》するものです。その感応が両者の人間関係のあり様《よう》をさらに形作っていきます。できれば、美貌《びぼう》を羨《うらや》み、才能を嫉《ねた》み、成功を妬《にく》む心を持つよりは、美貌を愛《め》で、才能を褒《ほ》め、成功を称《たた》える藹然《あいぜん》とした心を養いたいものです。

愚かな者が嫉妬心から聖賢の台頭《たいとう》を拒《こば》んで国の政治を悪政に貶《おとし》めることは、歴史上に散見されます。むしろ、世に埋《うず》もれている逸材《いつざい》を発掘して相応《ふさわ》しい地位につけ、国の政治を善政に導くことこそ、輔弼《ほひつ》の臣に与えられた職務であるはずです。聖賢を得ることの必要性・重大さはいうまでもないことですが、それを発掘する吏《つかさ》にこそ〝人物〟を得たいものです。

さて、『論語』「陽貨《ようか》第十七」に「性《せい》は相近《あいちか》し、習《ならい》は相遠《あいとお》し」という成句があります。人はその生まれの上下や素質の有無にかかわらず絶対平等であるべきで、実際生まれたばかりの赤子《せきし》は同じように愛らしく、能力的にもそれほど差があるわけではありません。

しかし、その平等というのは、出発点としての平等という意味であり、成長とともにあるいは習慣により、いつまでも平等でありつづけるわけではありません。否応なく、その後の人生の道のりがそれぞれの人生を差別化していくのであり、選択の自由があればあるほど、実は不平等が広がることになります。何を選ぶかは自由ですが、自由な選択をした

「しかるべき結果」は残念ながら平等ではあり得ません。しかも、事《こと》のはじめに自《みずか》ら立てた目標や決意の強さが、ほとんどその成就《じょうじゅ》を左右しているといってよいかと思います。

人は、遠き慮《おもんぱか》りがあってこそ、身に差し迫った憂《うれ》いや問題に適切に対応することができるのです。事の結果が明らかになってからじたばたして文句を言ったところで、〝已《や》んぬるかな〟でありましょう。〝その時の環境〟は、その人がそれまで選択してきたことの結果であることがほとんどだといって過言ではないと思います。

出発点が平等でありながらその後の努力や習慣で〝人物〟に差がつくのであれば、人物待望を論ずるよりも、自ら〝人物〟に近づこうとする主体的努力が必要ではないでしょうか。人物となるための基本的覚悟については第七条の論考で既に述べたとおり、「命《めい》を立て、与えられた今を誠実に生き、地道なプロセスを着実に築き上げること」でした。言い換えれば、「自分の志したことを、常に自分に誠実に、自分なりの工程を踏んで歩んでいくこと」でした。かかる基本的覚悟を確固たるものとした上で、実際に〝人物〟に近づくために必要な実践は、「致知格物《ちちかくぶつ》」であろうと思います。

自らが〝人物〟たろうとする努力を

「致知格物」については第六条の論考でも少し触れましたが、朱子学《しゅしがく》と陽明学《ようめいがく》の思想の違いとしてよく論議されています。

朱子《しゅし》によれば、未だ十分とは言えない現段階におけるわが知（知識）を一つの手がかりとして、そこから事々物々《じじぶつぶつ》の有している理というものを逐次《ちくじ》窮《きわ》めていけば（窮理《きゅうり》）、知識の蓄積により、やがて万事万物《ばんじばんぶつ》の理がすっかり窮められ（致知―知識を致《いた》す）、ついにはわれと造化の働きが一体化してあらゆる真理に到ることができる（格物―物に格《いた》る）とされます。すなわち朱子学では、現時点での知識を出発点としてさらなる学習努力を集積し、わが知を押《お》し極《きわ》めることで究極の道理に到ろうとする「知先行後《ちせんこうこう》」の立場をとります。

一方、王陽明《おうようめい》はこの解釈に疑問を抱き、格物を〝物を格《ただ》す〟ととらえます。あらゆる人の心には本性《ほんしょう》としての良知が具《そな》わっており、この良知の判断に依拠《いきょ》しつつ（致良知―良知を致《いた》す）、善を為し悪を去る実践を行っていけば（格物―物を格《ただ》す）、いずれの時いずれの所においてもわが心は天理そのままとなるというのです。すなわち陽明学ではわが心こそ「理」であるとし（心即理）、この良知をそのまま行為へと展開することをよしとする「知《ち》行合一《こうごういつ》」の立場をとります。

また、朱子よりすれば窮理はわが身の外に向かって事物の理を窮めることであり、陽明によればわが内なる心の上において不正（悪）を去り天理（善）を全うすることが格物となります。

事々物々の理を一つひとつ窮めて、その知の集積により窮極の知に到ろうとする朱子学の立場をとるか、あるいは、わが内なる良知を発現して、ものごとのあるべき姿を正していく陽明学の立場をとるかは、人によって、あるいはその時の環境条件によって、選択が異なるでしょう。

しかし、朱子学、陽明学のいずれの立場を選択するにせよ、「致知格物」は人物として成長するための第一歩であることにかわりはありません。未だ到らぬまでも、努力・向上の意欲を持つ「凡夫《ぼんぷ》」としては、まずは〝学ぶ〟ということであり、さらに三毒《さんどく》や嫉妬《しっと》を放下《ほうげ》し、あるいは身を正して良知を発現することです。陽明の「四句教《しくきょう》」にある「善を知り悪を知るは、これ良知。善を為し悪を去るは、これ格物」を銘《めい》とし、知行合一することが〝人物〟たる道の第一歩であると信ずる次第です。

嫉妬心を抱いて人の足を引っ張るような人は論外ですが、人物待望論を唱えるにとどまらず、己《おの》れ自身が〝人物〟たるに近づく努力をすることが、活学であり、立命の道です。

第十五条　私に背きて公に向う

十五に曰《いわ》く、私《わたくし》に背《そむ》きて公《おおやけ》に向《むか》うは、是《こ》れ臣の道なり。凡《およ》そ人、私《わたくし》有れば必ず恨《うらみ》あり。憾《うらみ》有れば必ず同《どう》ぜず。同《どう》ぜざれば則《すなわ》ち私《わたくし》を以《もっ》て公《おおやけ》を妨《さまた》ぐ。憾《うらみ》起これば則《すなわ》ち制に違《たが》い、法を害《そこな》う。故《ゆえ》に初章《しょしょう》に云う、上下《かみしも》和諧《わかい》せよと。其《そ》れ亦是《またこ》の情《こころ》なるか。

〔訳〕第十五条。私心・私情に背を向けて公事（職務）に邁進《まいしん》することは、職務にある者の道である。人というものは、私心・私情があれば必ず恨《うら》む心が生じるようになり、ひとたび憾《うら》みの心が生じると当然他と和することも同じる（協調する）こともできなくなる。他の人と和して協調することができないとなれば、これは私心・私情をもって職務を妨げることになる。他を憾《うら》む心が起これば早晩《そうばん》社会的ルールに違《たが》う言動を起こすようになるだろうし、やがて法を犯す事態《じたい》にもなりかねない。第一条において「上下相《あい》和し協調するように」と提唱したのはこの趣意《しゅい》を述べたものである。

主体に生じたうらみ「恨」と、客体に及ぼすうらみ「憾」

本条は、私心・私情を去り、他と協調しながら職務に勤めることの大事を説いています。したがって、「饕《むさぼり》を絶ち、欲を棄てて、明らかに訴訟を辨《さだ》めよ」という第五条、および「上和《かみやわ》らぎ、下睦《しもむつ》びて、事を論ずるに諧《かな》えば、則《すなわ》ち事理《じり》自ずから通ず、何事か成らざらん」という第一条とも深く関連しています。

「背私《はいし》（私に背《そむ》く）」とは私心・私情に背を向けることであって、私の心情を滅する「滅《めっ》私《し》」とはやや意味を異にします。本条であえて「背私」という字を使っている背景には、〝如何《いかん》せん、凡夫《ぼんぷ》というものはなかなか私心・私情を棄《す》て去《さ》ることができるものではない〟という深い洞察があります。「背私向公《はいしこうこう》（私に背きて公に向う）」という句には、私利私欲を完全に棄て去ることはできないかもしれないが、いざという場合はあえて私利私欲を抑制して社会のために働こうではないかという、人間の本性《ほんしょう》を包容した寛大さが含まれているように思います。

この「背私向公」とよく似た句に「滅私奉公《めっしほうこう》」がありますが、「滅私」の「滅」は滅亡に通じ、自分を〝犠牲〟にするという意味が前面に出てきます。年季奉公《ねんきぼうこう》として雑役《ざつえき》に従事させられた丁稚《でっち》や明治時代の紡績工場における女工哀史で知られているように、自由を抑制され低賃金で朝となく夜となく長時間過酷な労働を強いられたことは、悲しむべき滅私奉公の一つの姿であったろうと思います。

「恨《こん》」と「憾《かん》」は、ともに「うらみ」と読みます。「恨《こん》の声符は艮《こん》で、艮は欲するところを得ないで不本意とすること」であり、「憾《かん》の声符は感《かん》で、他から憂傷《ゆうしょう》をうけること」とされています[6]。

すなわち、「恨《こん》」は己《おの》れの望み通りにならないところから自《おの》ずと生じたうらみであり、「憾《かん》」は自分に生じた恨みを他に転嫁《てんか》して他人をうらむ意味とも、あるいは立場を逆にして、他人から受けた「憾」に反応して生起したうらみであるともいえます。例えば、自らの貧乏や不幸をうらむのは「恨」であり、〝自分を不幸にしたのはあいつのせいだ〟として他人をうらむのが「憾」です。また、当人にうらまれた人が反応してその当人をうらみ返すのも「憾」と理解できます。

言い換えれば、主体に生じたうらみが「恨」であり、うらみの客体が存在する場合が「憾」といえます。したがって、「われ既《すで》に人を嫉《にく》めば、人亦《また》われを嫉む」がごとく、「われ人を憾《うら》めば、人亦《また》われを憾《うら》む」ことになるのでありましょう。

饕《むさぼり》〔第五条〕、欲《よく》〔第五条〕、諂《へつらい》〔第六条〕、詐《いつわり》〔第六条〕、佞《おもねり》〔第六条〕、媚《こび》〔第六条〕、忿《いかり》〔第十条〕、瞋《いかり》〔第十条〕、怒《いかり》〔第十条〕、賦斂《ふれん》〔第十二条〕、嫉妬《しっと》〔第十四条〕など、みな私心・私情・我執《がしゅう》の現れであり、その私心・私情・我執から「恨《こん》」「憾《かん》」が生まれ、それがまた返報・展開して人は業《ごう》の渦中《かちゅう》に呑み込まれていきます。

改めて、「憲法十七条」における人についての省察の鋭さに驚かされると同時に、人間の実相《じっそう》を凝視した呻吟《しんぎん》を切実に感じざるを得ません。されば、我執《がしゅう》を棄《す》てよ！　放下《ほうげ》著《じゃく》！　放下著《ほうげじゃく》！

「背私」と「滅私」と「無私」

〈人間学〉を学ぶ一手段――古今の書を読む

「私利私欲が起これば、それに派生する恨《うら》みが起こり、憾《うら》みが及べば不和を生じ、憾みや不和がやがて制法を害するまでに至る」という筋書きは、現世を映しており、常に小説やドラマのテーマとなります。自分の利益だけしか考えない利己的な心のままに振る舞えば、親子・兄弟といえども仇敵《きゅうてき》のような間柄に陥ることはよく知られています。天下の治乱《ちらん》興亡《こうぼう》のきっかけも、案外この〝骨肉の争い〟に起因しているといえましょう。

仮に一つの欲望が叶えられたとしても、叶えられた次の瞬間にはまた新しい欲望が芽生えてきます。まさに人間の私利私欲には窮まりがなく、窮まりのない私利私欲がすべて思い通りに満たされるものでないことはわかりきったことでしょう。ところが、わかりきった判断ができるはずの〝世間にいう立派な人間〟ほど、私利私欲に取《と》り憑《つ》かれて大事件を惹《ひ》き起こすことが多いのはどうしたことでしょうか。世間で評判の立派な人間ほど、実は小人《しょうじん》が多いということかもしれません。

私利私欲を棄て去るためには、〝ひと本来の姿〟を自覚することが大変重要で、四苦八苦《しくはっく》や無常《むじょう》の理《ことわり》を真に覚《さと》れば、むやみに私利私欲に走ることはないでしょう。そのためには、迂遠《うえん》なようですが古今の書を読んで〈人間学〉を学ぶしかないと思われます。

「士大夫《したいふ》三日書を読まざれば則《すなわ》ち理義《りぎ》胸中に交はらず。便《すなわ》ち覚ゆ、面目《めんもく》憎むべく、語《ご》言味《げんあじわひ》なきを」とは、宋の黄山谷《こうさんこく》のことばです。書というのは「経書《けいしょ》」のことですが、広く琴線《きんせん》にふれるような書物ととらえてよろしいでしょう。「理」はものの道理や事物の法則であり、〈義〉は利欲にひかれないでものごとの筋道をたてる心であり人の道であります。

人は、人生を深く真剣に考えさせてくれるようなしっかりした書を読まなければ、ものの道理や法則あるいは筋道がいかなるものかを思考することが乏しくなり、私利私欲に背を向ける心を自覚することもなくなるでしょう。その結果はその人の言貌《げんぼう》に現れ、面相《めんそう》は貧弱となり、話す内容もつまらなくなります。人は年齢を重ねるにつれて、その人のそれまでの生《い》き様《ざま》が面貌《めんぼう》・風貌《ふうぼう》に現れざるを得ないもので、壮年ともなれば己《おの》れの貌《かお》に責任を持たねばならぬわけです。

ところで、本を読めといっても、やれ忙しくて時間がないとかなんだかんだと理由をつけて読まない人がいます。しかし、そのような人は仮に時間の余裕ができたからといって決して本を読みはしません。忙しい人ほど時間を作って本を読んでいるものであって、本を読むか読まないかは、それこそ当人の面貌《めんぼう》をみ、語言《ごげん》を聞けばわかるというものです。

人は、何のために学ぶのか

そもそも、「人は何のために学ぶ必要があるのか」。古来、この命題に対していくつもの提唱がなされてきましたが、最も簡潔にして言い得て妙なるものは、『荀子《じゅんし》』「宥坐篇《ゆうざへん》第二十八」にある次の成句でありましょう。

君子《くんし》の学は、通《つう》ずるが為に非《あら》ざるなり。窮《きゅう》して而《しか》も困《くる》しまず、憂《うれ》ひて而《しか》も意《い》衰《おとろ》へず、禍福終始《かふくしゅうし》を知りて心惑《こころまど》はざるが為なり。

〔君子の学は立身出世のためにするものではない。それは、いかに物質的に困窮《こんきゅう》してもそれを苦しみと感ぜず、精神的に心配事があっても少しも意気が衰えず、禍福・終始の意味合をよく悟《さと》り明《あき》らめて、少しも心に迷《まよい》を生じないためのものである〕[17]

学問は、それをわが人生に活《い》かすなり社会に活用してこそ歓迎されるのであって、私利私欲を満たすためでもなければ立身出世のためでもありません。しかるに現代の若者は、手っ取り早く目先の利得のために学問を身につけようとするきらいが少なくありません。社会もまた若者に対する人材育成を放棄して、ただ目先の目的に合う即戦力を要求している傾向が強いように思われます。これは、あまりにも性急に過ぎ、あまりにもお粗末《そまつ》といえるのではないでしょうか。結局、そのような学問を修めた小才《こさい》の利《き》く人間こそが、私利私欲に取《と》り憑《つ》かれて大事件を惹《ひ》き起こす道を歩むことが多いように思われてなりません。一時の間に合わせのような姑息《こそく》な勉強というものは〝学問〟ではなく〝単なる技術・知識〟にすぎないと思います。

学問の基本は、琴線《きんせん》にふれる活《い》きた学びを自分の生活に活《い》かすことです。聖賢の活きた学びをわが人生観に取り入れて、窮《きゅう》しても困《くる》しまず、憂《うれ》えても意《い》衰《おとろ》えず、禍福終始を知って心惑《こころまど》わせることなく生きることにあります。

「心こそ心迷はす心なれ、心に心心許すな」

さて、「背私」と「滅私」については本条前項で既に述べましたが、また別に「無私」ということばがあります。「無私」とは、私心・私情の無いこと、私利私欲を図ろうとする心・感情が無いことですが、それではここにいう〝無〟とはどういう状態でありましょうか。この「無私」を考える前に、「無心」ということに少しふれてみたいと思います。

この「無心」というのは心が無いという意味ですが、これは決して〝心が存在しない〟ということではありません。心や意識の存在を認めた上で、その動きにとらわれない状態をいいます。

江戸時代の禅僧である沢庵禅師《たくあんぜんじ》のことばを借りれば、「無心の心と申すは、本心と同じ事にて、固まり定まりたる事なく、分別《ふんべつ》も思案《しあん》も何も無き時の心、総身《そうみ》にのび広ごりて、全体に行き渡る心を無心と申すなり」（『不動智神妙録《ふどうちしんみょうろく》』[18]）とあります。『不動智神妙録』とは、沢庵禅師が剣豪柳生但馬守《やぎゅうたじまのかみ》に対して剣禅一如《けんぜんいちにょ》を説いたものでありながら、その実、人が人として生きるにはどうあるべきかを説法したものとされます。

今ここに引用した条の前文において、「本心とは一つの所に止《とど》まらずに総《すべ》てにのび広がった心、妄心《もうしん》とは何かを思いつめて一箇所に凝《こ》り固まってしまった心」と述べられており、無心の心とはこの本心のことであると説いています。あることにかかずらわって固まるとたちまち妄心となってしまいますが、無心の心はどこかに凝《こ》り固まったり思い悩んだりすることがなく、身体中にのび広がり行き渡る心であるといいます。

身近な喩《たと》えとして、校正者あるいは編集者として粗野な原稿に向かう時、この「無心」に近い境地になって校正《こうせい》・校閲《こうえつ》に取り組むことがあります。あるいは古今の書や小説に引き込まれる場合も、ある意味で無心になるといえるでしょう。

さて、「無心」から「無私」を考える時、「無私」というのも私が無いという意味でありながら、決して〝私が存在しない〟ということではありません。喜怒哀楽《きどあいらく》や四苦八苦《しくはっく》を感じる主体である「私」の存在を認めた上で、その感情にとらわれない状態と理解することができます。

『不動智神妙録』の最後に、「心こそ心迷《まよ》はす心なれ、心に心《こころ》許すな」とあります。（妄心こそ無心（本心）を迷わす心である。妄心には無心（本心）で当たれ、妄心の浸潤《しんじゅん》を許してはならぬ）という訓戒を述べた歌ですが、これは同時に〝本来の自己を摑《つか》め〟という人に対する叱咤《しった》激励《げきれい》でもあります。

利欲を求める私心こそ本来の自己を迷わす「私」であります。私利私欲を求め、喜怒哀楽、四苦八苦にとらわれる無明《むみょう》から解脱《げだつ》して、己《おの》れの真面目《しんめんもく》を求める努力を怠ってはなりません。

第十六条　民を使うに時を以てする

十六に曰《いわ》く、民《たみ》を使《つか》うに時《とき》を以《もっ》てするは、古《いにしえ》の良き典《のり》なり。故《もと》より冬の月は間《いとま》有り、以《もっ》て民を使うべし。春より秋に至るは、農桑《のうそう》の節《とき》なり。民を使うべからず。其《そ》れ農《のう》せずんば何をか食《くら》い、桑《そう》せずんば何をか服《き》ん。

〔訳〕第十六条。民を使役《しえき》する場合、時期をよく考慮することは昔からの良い教えである。いうまでもなく、冬の間は農閑期で少しは時間的余裕がある時期だから、民を使役することができる。しかし、春より秋に至るまでは農耕《のうこう》や養蚕《ようさん》の忙しい時期であって、この時期は民を使役することはできない。この時期に民を徴集《ちょうしゅう》するようなことをすれば、民は農耕にも養蚕にも勤《いそ》しむことができず、食べるものも着るものも得られなくなってしまうではないか。

相手の立場を慮る

「民を使うに時を以てする」の句は『論語』「学而《がくじ》第一」にそのまま登場しており、民をなによりも大切にすることが国を治める根本であるとは、「憲法十七条」の全体に流れる精神です。

本条は、農耕《のうこう》社会であったわが国の為政者の心得を説くと同時に、農耕や養蚕《ようさん》に勤《いそ》しむ農民への慈愛が包懐《ほうかい》され、現代の企業において社員を大切にする心《こころ》得《え》に通じています。いつの時代でも社員を大切にしない会社に明日はなく、国民をないがしろにする国家に明日はありません。

「冬の月は間有り、以て民を使うべし。春より秋に至るは、農桑の節なり。民を使うべからず」の「べし」あるいは「べからず」は、「民を使うべきである／使うべきではない」という当然や指図・命令の意を表すものではなく、「民を使うことができる／使うことができない」という可能の意を表すものとみます。「憲法十七条」の精神からすれば、「できることなら民を使役することを避けたいが、公共工事のためにはやむを得ぬこともあり、せめて民に迷惑が及ぶことの少ない農閑期であれば使役することができよう」という民に対する慈《いつく》しみの情が含まれた意味にとることこそ相応《ふさわ》しいでしょう。

『論語』「泰伯《たいはく》第八」には、孔子が当時の為政者・政治家に与えた教訓として「民《たみ》は之《これ》に由《よ》らしむべし。之《これ》を知らしむべからず」という成句があります。これを〔民には何も知らせる必要はない。法令により服従させればいいのだ〕と解する俗説がありますが、実はそうではありません。政治というものは難しく、政治家が民衆に政策の意味を一つひとつ理解させることはなかなかできるものではない。それよりも民衆が信頼し、民衆が安心して任せられる政治家となって由《よ》らしめることが大事だということです。政治のことはよくわからないが、あの人ならしっかりとやってくれるだろうと信頼される人物になることが求められているのです。

しかるに、現在のわが国の政治家は俗っぽく、また実に頼り甲斐がない。民衆の尊敬と信頼にたる指導者が現れて、その為政の下《もと》に民衆がよくまとまり行動すれば、民族・国家は興隆するといわれていますが、それは企業内においても同様でしょう。今の日本の政治・経済の実態は信頼に足るリーダーの不在が明らかであり、それ故《ゆえ》の混沌《こんとん》さを憂えるばかりです。

「信は義の本」、「義は利の本」

企業の社会的責任

従業員を雇《やと》い、業《ぎょう》を成し、利益をあげて給料を支給し、また社会に還元《かんげん》するのは、企業の社会的責任です。その企業が、最近、社会的責任の何たるかを忘れているように思われます。

わが国では、一九五〇年代に若者が集団就職で都会に出て働くようになってから農業人口は急激に減り、古代から続いていた〝農耕社会としての日本〟は大きな変容を遂げましたが、その一方で、「所得倍増計画」の掛け声とともに企業の果たす役割がどんどん大きくなりました。世の中の環境が農村中心から企業中心へと変化し、労働環境も逐次《ちくじ》改善されるなかで、農繁期・農閑期の煩《わずら》わしさから逃《のが》れたサラリーマンは〝気楽《きらく》な稼業《かぎょう》〟を謳《おう》歌《か》するようになります。

ところが、バブル経済が崩壊《ほうかい》しグローバルな競争社会へと変遷《へんせん》するなかで、サラリーマンは今や〝気楽な稼業〟などでは決してなく、年中過酷な労働を強《し》いられる状況へと一変しました。それでも「正社員」はまだ恵まれているほうで、契約社員や請負《うけおい》社員など明日の生活が保障されない非正規社員として粗悪な労働条件で働かざるを得ない人や、その粗悪な労働条件ですら働く場を得られない人が多くなっています。アルバイトでやり繰りしているフリーターや、その経済的基盤を親に依存しているニートも減ってはいないようです。

親が元気なうちはまだよいでしょう。しかし、これらの若者がこのままとまもな職業に就《つ》くことができず結婚もできなければ、少子化がさらに進むのみならず社会保障システムは破綻《はたん》するでしょうし、彼らが中年・老年になって生きる手段に事欠《ことか》けば犯罪に手を染めざるを得ない者も現れるかもしれません。

「恒産《こうさん》なければ、よりて恒心《こうしん》なし」といいます。政府の考える小手先の少子化対策よりも、働きたい若者が健全に働け、また夫婦においては強いて共働きをしなくてもすむような、根本的な労働環境の見直しがもっと真剣に検討されるべきです。そしてまた、かつて正社員の雇用を抑制し中高年をリストラしてひたすら利を求めて存続を許された企業こそ、そのような悲惨《ひさん》な日本にしてはならない責務があったはずなのです。

しかし、その企業は相変わらず同じ轍《てつ》を踏んでいますし、政府は「働く人の意識や働き方が多様化している」ことを口実に労働者派遣を〝原則自由化〟して企業に都合のよい使い捨て労働者確保に助力し、結局は安易に大量の労働者を路頭に迷わせておきながら根本的な救済策を打ち出せずにいます。派遣や請負社員に多くを頼る雇用形態《こようけいたい》は、企業のコスト意識として目先の利を得《う》るには都合がいいのでしょうが、長期的・多面的・根本的に日本の将来を思った時、決して賛同できるものではありません。

「義は利の本なり／利は義の和なり」

もちろん、企業にとっても個人にとっても、利の追求は否定されるべきものではありません。ただここで重要なことは、義と利といずれを主とするかです。義を主とするか利を主とするかの選択において、利を何よりも優先させるところにさまざまな問題が起きているのです。

産地偽装、消費・賞味期限あるいは製造日の改ざん、衛生管理上のごまかし、虚偽説明および誇大広告、脱税や粉飾決算《ふんしょくけっさん》、各種の談合、云々《うんぬん》——。最近は、あまりにも企業の不祥事《ふしょうじ》が多すぎます。その不祥事が発覚した際に〝見解《けんかい》の相違《そうい》〟として責任を逃《のが》れようとする醜聞《しゅうぶん》をたびたび耳にしますが、なかには規制のための法律をわざわざ逆に悪用して不正を行う嘆《なげ》かわしい大企業さえ現れており、こうなればもはや不祥事というより犯罪というべきでしょう。

企業は、本来社会的に必要とされる存在意義を有すべきであり、その本義を果たした結果として利益が応分《おうぶん》にもたらされるものです。したがって、「義は利の本《もと》なり／利は義の和《わ》なり」（『春秋左氏伝《しゅんじゅうさしでん》』「昭公十年条《しょうこう》／襄公九年条《じょうこう》」）を、企業人は十分心すべきでありましょう。利を得る根本には義（重要な意義：大義《たいぎ》）があってしかるべきであり、むやみやたらと利益を追求するだけでは、必ずいつか痛い目をみることになります。

本来、「利」は〔リ（刀）を以《もっ》て禾《いね》（収穫）を得ること〕であり、「義」は〔神に供する羊を我が手にすること〕から、利と義とは根本的に相対するものではありませんでした。しかし、いつの頃からか利は物質的な意として、義は精神的な意として相対する概念となり、義を果たした結果としての利が望ましいとされながらも義をみずに利ばかり追求する姿が散見されるようになりました。

人間は利に走ると案外物事の本質（義）がわからなくなり、人として行うべき正しい道（義）に反して盲目的となり、利欲をことごとく奪わないと満足しなくなることから、どうしても人間社会で悶着《もんちゃく》を起こすことになります。「利の字を去り得《さえ》ざれば、便《すなは》ち義の字を做《な》すことならず」（『呻吟語《しんぎんご》』）であるがゆえに、「利をみては義を思う」（『論語』「憲問《けんもん》第十四」）心の余裕が欲しいものです。「君子は義に喩《さと》り、小人は利に喩る」（『論語』「里仁《りじん》第四〕と孔子が謂《い》うごとく、義を顧みない利の追求者であってはならないと思います。

「信は義の本なり／義は信の和なり」

ところで、「憲法十七条」第九条に「信《しん》は是《こ》れ義《ぎ》の本《もと》なり」とありました。〔信《しん》つまり誠のこころは義の根本である。何ごとをなすにも誠のこころを籠《こ》めてやりなさい。事《こと》の善悪や成功失敗は要するに誠のこころを籠めているかどうかにかかっている。お互いが誠のこころを以《もっ》てことに当たれば、何ごとも成らぬことはない〕という趣旨は、企業が社会的責任を果たして市場に受け入れられるためには、社長以下社員の一人ひとりまで誠実に職務を遂行することが基本であることを説いています。

社長に誠のこころがなければ経営そのものが不純となり従業員は喜んで仕事に励めず、社員一人ひとりに誠のこころがなければ企業全体の責任が問われることにもなります。ここでは、「信《しん》は義《ぎ》の本《もと》なり」であると同時に「義《ぎ》は信《しん》の和《わ》なり」ともいえるでしょう。

要するに、「信《しん》は義《ぎ》の本《もと》」「義《ぎ》は利《り》の本《もと》」であり、見方をかえれば「利《り》は義《ぎ》の和《わ》」「義《ぎ》は信《しん》の和《わ》」であります。つまり、〝利《り》の根本には義《ぎ》があり、義《ぎ》の根本には信《しん》がある〟ということです。したがって、企業経営による本当の利益というものは、本来求められている社会的責任（義）を、誠のこころで積み重ねていくところから生まれるものです。

この「経営」という語は、通常「けいえい」と読み慣《なら》わされており、「けいめい」という読み方があることはあまり知られていません。その「けいめい」という意味は、こころを籠めてあれこれと世話をやくことであり、ご馳走《ちそう》をすることであります。経営資源（人・物・金・情報など）を有効に活用して利益をあげることが〝経営（けいえい）〟でありますが、その根底に真に必要なものは「けいめい」すなわち「理想・志《こころざし》・誠のこころ」であることを、経営に携《たずさ》わる者は十分に認識しておきたいものです。

「使役する側の心得」と「使われる身の心構え」

「民を使うに時を以《もっ》てする」は、為政者あるいは部下を持つ管理職側の心得です。仕事を依頼する時に一応部下の状況を知っておく必要があり、その上で忙しい人に依頼するかそうでない人に依頼するかを決定しなければなりません。

この場合、往々《おうおう》にして忙しい人に依頼したほうが案外早く片付くことが多いようです。忙しいが故《ゆえ》にてきぱきと要領《ようりょう》よく仕事をこなす能力・習慣があるからで、常日頃《つねひごろ》だらだらと仕事をやっている人ほど仕事は遅れる傾向にあります。

しからば、使われる身としての心構えはいかにあればよいでしょうか。その人に上司が仕事を依頼するということは、多くの場合その人が信頼され期待されているということです。キャリアを積むためにも、仕事を多く経験し期待に応えることが己《おの》れの成長に結びつきます。現場を知りもせず、経験を伴わない知識をいくら増やしても、それが見識や胆識となって人物を創ることにはなりません。

多忙ななかで引き受けた仕事を誠実にこなしていく際、時に対応が不首尾《ふしゅび》で順境が逆境になることもありましょうし、誰かの都合で損な役回りが与えられることもありますが、実はこの時こそ〝人物〟が大きくなるチャンスなのです。「逆境は未だ事を得ざる人の良薬」と心して、逆境に挫《くじ》けることなくその時そのときを精一杯努力して生きることが、後日必ず納得《なっとく》のいく人生につながりましょう。

同じことを繰り返すようですが、ここで留意すべきは、因果応報《いんがおうほう》とはいうものの必ずしも「善因善果《ぜんいんぜんか》」であるとは限らないということです。人の世においては、一所懸命《いっしょけんめい》やったことが必ずしも望ましい結果になるとは限らないということを弁《わきま》えておらねばなりません。

だがしかし、仮にそうであったとしても、人は一所懸命やった時はその結果如何《いかん》にかかわらず満足な気持ちになれるようにできています。三世《さんぜ》にわたる理法としてみた時、必ずしも「善因善果」とならなくとも「善因楽果《ぜんいんらくか》」であることには違いないのです。「あぁ、あの時の苦労は、この時のためにあったのか」と納得できる日が必ず訪れます。

逆境にある時励まされることばに、中国清《しん》の政治家曾國藩《そうこくはん》の「四耐四不訣《したいしふけつ》」があります。

冷《れい》に耐え、苦《く》に耐え、煩《はん》に耐え、閑《かん》に耐え、
激《げき》せず、躁《さわ》がず、競《きそ》わず、随《したが》わず、
以《もっ》て大事《だいじ》を成《な》すべし。

冷たい仕打《しう》ちに耐え、苦しい状況に耐え、煩《わずら》わしい事象《じしょう》に耐え、陥《おちい》った閑《しず》けさに耐え、むやみに感情を激《げき》することなく、慌《あわ》ただしく躁《さわ》ぐこともせず、つまらないものと競《きそ》うことなく、義のないものに随《したが》うことなく、独りを慎んで己れの志を達成するように心がけることです。

人生において逆境がいつまでも続くことはありません。慎独《しんどく》し、志《こころざし》に向かって努力する時、その行為は必ず「善因楽果」となります。

第十七条　衆と与に宜しく論ずべし

十七に曰《いわ》く、夫《そ》れ事《こと》は独《ひと》り断《さだ》むべからず。必ず衆《しゅう》と与《とも》に宜《よろ》しく論《ろん》ずべし。少事《しょうじ》は是《こ》れ軽《かろ》し、必ずしも衆《しゅう》とすべからず。唯大事《ただだいじ》を論ずるに逮《およ》びては、若《も》し失《あやまち》有らんことを疑う。故《ゆえ》に衆《しゅう》と与《とも》に相《あ》い辨《さだ》むれば、辞《ことば》則《すなわ》ち理《ことわり》を得《え》ん。

〔訳〕第十七条。（大）事というものは独断で行わずに、必ず衆知《しゅうち》を集め評議・相談して進めなさい。小事は必ずしも皆に諮《はか》らなくてもよいが、大事なことを取り決めるに及んでは、もしかしてまちがいが起こらないかを疑ってかかる必要がある。したがって、皆とよく話し合い十分論議を尽くして相違点や問題点を明らかにしていけば、正しい理に適《かな》った結論を得ることができるであろう。

独断専権の否定と〈和〉のこころ

本条は、重要事項について、独断を戒め、衆知《しゅうち》を集めて対応を図ることが大事だとし、いわば第一条にいう〈和〉の実践を説いています。

「独り断むべからず」の「断《だん》」と、「衆と与に相い辨むれば」の「辨《べん》」とは、共に「さだ（む）」と読みます。「断」には斤（斧）で切断する意があり、[1] 決断や断行という熟語から推測されるように、きっぱりと思い切って行うことを表します。

一方、「辨」にはリ（刀）で辡《べん》（うったえ・あらそい）を半分に切る意があり、[1] 辨異《べんい》や辨《べん》明《めい》という熟語から推測されるように事《こと》の相違点や正邪善悪《せいじゃぜんあく》を区別して明らかにすることを表します。第五条の「饕《むさぼり》を絶ち、欲を棄てて、明らかに訴《そ》訟《しょう》を辨《さだ》めよ」の「辨」も同じ用法です。

「大事《だいじ》を論ずるに逮《およ》びては」の「逮《たい》」は、「意符の辵《ちゃく》（みち）と意符と音符を兼ねる隶《たい》（おいつく意）とから成り、道で追いつく、およぶ」の意味であるとされます。[1]『論語』「里仁《りじん》第四」に「古《いにしえ（は）》者言《げん》を出《い》ださざるは、躬《み》の逮《およ》ばざるを恥《は》ずるなり」とあります。昔の人たちは、ことばを軽率《けいそつ》には口に出さなかったのです。それは、身の実践が言ったことに追いつかないことを恥としたからです。〝今日《こんにち》の人〟は必ずしもそうではないことを嘆きかつ戒めていますが、それをいう孔子は今から約二五〇〇年も前の人なのです。実践が伴わない口さきだけの人はいつの世にもいるもので、人の本質はそれほど変わるものではないということでしょう。

ちなみに、同じ「里仁《りじん》第四」に「君子言《げん》に訥《とつ》にして、行《こう》に敏《びん》ならんことを欲《ほっ》す」とあります。訥弁《とつべん》であってもよろしい。口達者であるよりはむしろ実践を重んじることを心すべきでしょう。

本条の「夫《そ》れ事《こと》は独《ひと》り断《さだ》むべからず。必ず衆《しゅう》と与《とも》に宜《よろ》しく論《ろん》ずべし」は、第一条の「上和《かみやわ》らぎ、下睦《しもむつ》びて、事《こと》を論ずるに諧《かな》えば、則《すなわ》ち事理《じり》自《おの》ずから通ず、何事か成らざらん」と相通《あいつう》じており、この二つの条文の精神が〈和〉に収斂《しゅうれん》されることは明らかです。このことから、第三条の「詔《みことのり》を承《うけたまわ》りては必ず謹《つつし》め。君は則《すなわ》ち天たり、臣は則《すなわ》ち地たり」を「天皇絶対主義」あるいは「支配者と被支配者間の権力による従属関係の強調」ととらえることが誤った断章取義《だんしょうしゅぎ》であることについては、既に第三条論考で述べました。

これらのことから、「憲法十七条」が君主による絶対主義より衆議制を理想としていることは明らかですが、逆にこの条文をもって日本の民主主義思想が既に「憲法十七条」の中にめばえていたとする説には、飛躍がありすぎて素直《すなお》に首肯《しゅこう》するわけにはいきません。なぜなら、本条文の「衆」の意味するところは直接的には衆議を尽くす百官、あるいは問題解決のために集まった狭い範囲での衆（例えば群卿《ぐんけい》）を指しているのであり、民主主義にいう国家主権を所有している「国民」、あるいは国民により選ばれた「代表者」とは明らかに異なるからです。

しかしながら、政《まつりごと》を独断専権することが常態化していたであろう当時にあって、独断を戒め「衆《しゅう》とともに宜《よろ》しく論ずべし」と提唱した先取《せんしゅ》の精神《せいしん》には注視《ちゅうし》せざるを得ないものがあります。「憲法十七条」の独断専権の否定ならびに〈和〉のこころが、日本の中世・近世の君主政治に影響を及ぼし、さらに明治維新の『五箇条《ごかじょう》の御誓文《ごせいもん》』にある「広《ヒロ》ク会議《カイギ》ヲ興《オコ》シ、万機公論《バンキコウロン》ニ決《ケッ》スヘ《ベ》シ」「上《シヨウ》下《カ》心《ココロ》ヲ一《イツ》ニシテ、盛《サカン》ニ経綸《ケイリン》ヲ行フ《オコナウ》ヘ《ベ》シ」（ルビは著者）に引き継がれ、その精神が現在の世にまでも受け継がれていることを否定することはできません。

本条の最終句として登場する「故《ゆえ》に衆《しゅう》と与《とも》に相《あ》い辨《さだ》むれば、辞《ことば》則《すなわ》ち理《ことわり》を得《え》ん」は、第一条の「上和《かみやわ》らぎ、下睦《しもむつ》びて、事《こと》を論《ろん》ずるに諧《かな》えば、則《すなわ》ち事理《じり》自《おの》ずから通《つう》ず」と同義です。その根底に共通する精神はいうまでもなく〈和〉のこころです。すなわち、第一条から第十七条まで金《きん》科《か》玉条《ぎょくじょう》ともいえる「憲法十七条」は、究極的には「以和為貴〈和を以て貴《たっと》しと為す〉」に始まり「以和為貴」に帰結するといえましょう。

「一隅を照らす」、此れすなわち国宝なり

合議制の矛盾

現代日本の政治形態は主権在民としての議会制民主主義であり、政治家は主権者たる国民から公平な選挙によって選ばれた国民の代表です。したがって、政治家たるものは国民の信任に応える責務があり、政治家の失政はその人を選んだ国民の責任でもあります。

その議会制民主主義の原則は、衆議を尽くした上での多数決にあるわけですが、その背景には考えさせられるさまざまな弊害《へいがい》も存在します。

一つは、合議制の矛盾です。何ごとも多数決で決裁《けっさい》されることが理想であるとは限りません。プロ野球のオールスターファン投票をみても、統一地方選挙をみても、原則的に多数決で決められることはいかにも公平で理想的にはみえますが、はたして多数決で選ばれ

た人が選ばれなかった人に比べて優れているかといえば、必ずしもそうでないことは明白です。多数決の投票においては、その背後でその人を当選させるための不純な動きがなくもありませんし、選ぶ者の目が必ずしも当該者《とうがいしゃ》の真実の姿や本質をとらえているとも限りません。人気だけが先行して選ばれる不合理もよくあることでしょう。

あるいは国会での法案審議についても、過半数を占める党が強行採決して法案を可決する状況を目にすることもあります。議員所属数による押し切りは、圧政・悪政に結びつきやすいとされます。

あるいはまた、衆愚政治《しゅうぐせいじ》ということばもあります。陋習《ろうしゅう》を打破することもなく、目先の利や興味本位に踊らされている多数の凡衆が、寄って集《たか》って政治を台無《だいな》しにしてしまうこともあるのです。政策論の本質に耳を傾けずにタレント性や知名度だけで投票するのも、また無意識のうちにメディアの情報に迎合《げいごう》しているのも、いわば衆愚の一端かもしれません。

いくら合議制や多数決の公平さを訴えたところで、本来のあるべき姿としては少数意見も含めた善悪・真偽が自《おの》ずと問われるべきであり、これが隠れてしまうところに民主政治の矛盾、愚劣さがあります。これを救うには、民衆一人ひとりが朦朧《もうろう》とした意識を振り払い、覚醒《かくせい》した意識を取り戻すしかありません。「起《た》って高楼《こうろう》に向《む》って暁鐘《ぎょうしょう》を撞《つ》く」（王陽明）という意識を持った〝目覚《めざ》めた凡夫《ぼんぷ》〟が、一人でも多く現れることを待つしかありません。

小事と大事の分別

次に、小事と大事についての分別《ふんべつ》です。現在の国会では、国家国民にとって重大事である法案が待機している最中でも、ワイドショー的事件が起これば重要法案そっちのけで国会審議を放棄することがいかにも正義であるかのように騒いでいます。事の大小の分別や、それを議する場を取り違えているのではないかと思えることが多く、結局法案審議が滞《とどこお》って先送りされることが常態化しています。否、むしろ法案を先送りすることを目的に、必要以上に事《こと》を荒立《あらだ》てる戦術をとる党もあります。

公人《こうじん》の不祥事《ふしょうじ》が決して些細《ささい》なこととは言いませんが、「記憶にございません」という健《けん》忘症的狭量者《ぼうしょうてききょうりょうしゃ》を相手に追及するのであれば、弾劾《だんがい》専門の委員会を別に設けてこれに充《あ》て、あくまでも国会審議を国民の重大事項に充《あ》てることが本筋ではないでしょうか。

党議拘束と派閥

さらに考えさせられるのは、政党における党議拘束《とうぎこうそく》です。本来、国会審議における政策決定の議決権はあくまで国民に選ばれた政治家個人に委《ゆだ》ねられており、政党にその権利があるわけではありませんが、実際には所属政党の議決に拘束されることが多々あるようです。

そもそも政党とは、政治上の主義・主張を同じくする者が結成する政治団体ではありますが、半ば政治権力への参与を目的とした烏合《うごう》の衆《しゅう》的な側面があることも否定できず、常に党議が一致するわけではありません。議題によっては、一部の党員が党議に反対する局面も生じてくるでしょうし、逆に衆議を尽くさず強引に政策決定される光景もたびたびみられます。

基本的に、国民の意思を代表・代弁する政治家は、所属政党によって必ずしもその意思や発言を拘束されるものであってはならないはずです。しかるに、党議に反対した者に対する〝いじめ〟が大人げなく横行し、わが国の議会制民主主義の未熟さの一面を露呈《ろてい》しています。党議に反対した者を非公認とするのはその政党の勝手ですが、政治的圧力を以《もっ》て弾圧するなどの行為は許されるものではありますまい。

視点を一つの政党内に移せば、そこにはまた、派閥というやっかいなものもあります。この派閥というのも、大きな力で政《まつりごと》を率先する面がある一方で、大いなる拘束力をもって個々の議員を縛っている場合があるのではないでしょうか。

日本は今、政治も経済も混沌としています。このような混迷の時代に求められているのは、口さきだけの人ではなく実践の人です。温故知新の何たるかを弁《わきま》えた上で旧弊《きゅうへい》・陋習《ろうしゅう》を打ち破ることのできる率先垂範《そっせんすいはん》の行動力の持ち主です。国民のことよりも党や派閥のことを優先する人ではなく、政党あるいは派閥を超えて国家国民の行く末をみつめることのできる人です。

そのような人を国会に送る責任が国民にあります。国民一人ひとりがもっと強く意識して選挙に取り組まなければ、国の衰退をみることは明らかでしょう。

「一燈照隅」──自らが一燈となる覚悟を

日本天台宗《てんだいしゅう》の祖《そ》である最澄《さいちょう》が、天台宗（山家《さんげ》）の学行《がくぎょう》をなす者（学生《がくしょう》）に対して定めた規則（式）に「山家学生式《さんげがくしょうしき》」というものがあります。その冒頭は次のとおりです。

国宝《こくほう》とは何物《なにもの》ぞ、宝とは道心《どうしん》なり。道心あるの人、名づけて国宝と為《な》す。故《ゆえ》に古人《こじん》言はく、径寸十枚《けいすんじゅうまい》、是れ国宝に非ず、一隅《いちぐう》を照《て》らす、此《こ》れ則《すなは》ち国宝なりと。古哲《こてつ》また云《いは》く、能《よ》く言ひて行ふこと能《あた》はざるは国の師なり、能《よ》く行ひて言ふこと能《あた》はざるは国の用なり、能《よ》く行ひ能《よ》く言ふは国の宝なり。三品《さんぼん》の内《うち》、唯《ただ》言ふこと能《あた》はず、行ふこと能《あた》はざるを国の賊と為す。[19]

「国宝《こくほう》とは何物《なにもの》ぞ」「道心《どうしん》あるの人、名づけて国宝と為《な》す」とは、もちろん最澄の自問自答です。

「古人《こじん》」とは春秋時代の斉《せい》の威王《いおう》のことであり、魏王《ぎおう》のいう宝物が径寸十枚《けいすんじゅうまい》であったのに対して威王の宝物とは隅々《すみずみ》で国を守る人物であることを言ったものです。

「古哲《こてつ》」とは、後漢献帝《ごかんけんてい》の時代の牟子《ぼうし》のことです。話はうまいが実行を伴わない説教主義の人を「国の師」といい、実行主義の人を「国の用たる者」といい、言行一致の人こそ「国の宝」であるといい、その上品《じょうぼん》・中品《ちゅうぼん》・下品《げぼん》という評価にない無用無価値のものを「国の賊」であるといっています。[19]

「一隅《いちぐう》を照《て》らす」「能《よ》く行ひ能《よ》く言ふ」、かくのごときが国の宝なのです。憂国《ゆうこく》の士《し》が一人出れば、その人が一つの燈《ひ》となって周りの人を照らしてゆくことができます。一隅を照らす一燈《いっとう》（これこそが〝主〟）が、縁を通じ人脈を通じ、信用から信頼の関係へと展開して少しずつ拡がってゆくのです。

しかし、一燈であるべき良き師や良き友の出現を待ち、その燈《ひ》に照らされることを待っているようでは国の宝とはなり得ません。どうしても、自《みずか》らが一燈となる覚悟を持たなければなりません。

自ら一燈となるためには、自ら良師良友を求め、納得できる人としっかりと付きあうことです。「小才《しょうさい》は縁《えん》に出あって縁に気づかず、中才《ちゅうさい》は縁に気づいて縁を生かさず、大才《たいさい》は袖《そで》すりおうた縁をも生かす」〈柳生家家訓〉といいますが、縁を自ら生み出して自らが一燈となってゆく。そして「一燈照隅《いっとうしょうぐう》」のつわものが集まって国を遍《あまね》く照らしてゆく。

そこにしか、日本のこれからをよくしてゆく術《すべ》はありません。

跋文　「人生三分の計」と「一流の生き方」

「人生三分の計」――〝第三の人生〟をいかに生きるか

中国に『三国志《さんごくし》』という歴史書があり、ご存知の方も多いと思います。本来は陳寿《ちんじゅ》（二三三―二九七）が三世紀に著《あらわ》した正史を『三国志』といいますが、一般には十四世紀に羅《ら》貫中《かんちゅう》（生没年不詳）により完成された長編歴史小説『三国志演義《さんごくしえんぎ》』が有名です。

古代中国の時代、後漢《ごかん》の滅亡後に天下が魏《ぎ》・呉《ご》・蜀《しょく》の三国に分かれ、曹操《そうそう》、孫権《そんけん》、劉《りゅう》備《び》をはじめとする群雄《ぐんゆう》が割拠《かっきょ》する物語ですが、なかでも、劉備に「三顧《さんこ》の礼《れい》」をもって迎えられ、「天下三分《てんかさんぶん》の計《けい》」を開陳《かいちん》した諸葛孔明《しょかつこうめい》のファンが多いようです。

この『三国志』のテーマは「天下三分の計」にありますが、私はここで「人生三分の計」を提唱したいと思います。

一日二十四時間を三分すれば、八時間は睡眠です。仮に八時間労働すれば残りの八時間は自由です。同じように人の一生を八十余歳として三分すれば、二十歳代半ばまでは両親や師友その他多くの人のお世話になって生きる期間、人生半ばの五十歳代までは逆に職務を通じて世の中に貢献していく期間、そして、五十歳代半ばからは自分の欲する所に従って〝第三の人生〟を生きる期間になります。区分となる年代は人によって、またその時の立場や環境によって多少前後するでしょうが、大事なことは三区分された人生それぞれの意義をどれだけ真剣に認識してその期間を生きるかです。

さらに思うことは、わが人生の最期《さいご》に臨んで「ああ、俺の（私の）人生、満足だった！」といえるかどうかは、〝第三の人生〟をいかに生きるかにかかっているということです。

第一の人生で神童《しんどう》と呼ばれようとも、第二の人生で栄華《えいが》を極めたとしても、第三の人生が満足できなければ決して幸福な人生であったとはいえないでしょう。逆に、第一の人生で躓《つまず》いても、第二の人生が左遷哲学《させんてつがく》の人生であっても、第三の人生が絶対的であれば、きっとその人の人生は満足のいくものであるに違いない。

その第三の人生をいかに積極的に生きるかは、第二の人生をいかに誠実に生きるかにかかっています。栄華を極めることでもなく、左遷に落胆することでもなく、自らに与えられた役割・責任を誠実に果たすことが、第三の人生に積極的に取り組むヒントを生み出してくれます。その第二の人生を誠実に生きる心構えやその知恵を育むために第一の人生があります。いい学校に入るために偏差値を上げる格好つけの勉強ではなく、わが人生のものさしをみつけ出すための根本的な思考力を養えばいいのです。
このように「人生三分の計」を意識することは、人生を大局的《たいきょくてき》な見地《けんち》から見据《みす》える上で非常に有意義であり、そのような生き方ができる人こそ〝偉大なる凡夫《ぼんぷ》〟あるいは〝真のエリート〟といえるでしょう。

「一流の生き方」とは何か

翻《ひるがえ》って、「一流の生き方とは何か？」。その命題《めいだい》に対する答えは人によりさまざまだと思います。地位や名声にそれを求める人もいれば、資産・富に関心の強い人もいます。その「一流の生き方」を考える上で参考にしたいのは、次に挙《あ》げる『呻吟語《しんぎんご》』の一節です。

居積《きょせき》の人と富《とみ》を争わず
進取《しんしゅ》の人と貴《たっと》きを争わず
矜飾《きょうしょく》の人と名《な》を争わず
簡傲《かんごう》の人と礼節《れいせつ》を争わず
盛気《せいき》の人と是非《ぜひ》を争わず

つまり、資産を貯《たくわ》えている人とは富を争わない。功名にはやる人とは地位を争わない。

上辺《うわべ》を飾る人とは名声を争わない。おごり高ぶっている人とは礼節を争わない。感情的な人とは是非を争わない[20]ということです。「蝸牛角上《かぎゅうかくじょう》の争い」といいますが、かたつむりの角《つの》のような狭い世間《せけん》の中で真面目《しんめんもく》とかけ離れた問題で人と争うことにどれほどの意味があるのでしょうか。

さらに、次の一節にも深い味わいを覚えます。

貧《まず》しきは羞《は》ずるに足《た》らず、羞《は》ずべきは、是《こ》れ貧《まず》しくして志《こころざし》なきなり
賤《いや》しきは悪《にく》むに足《た》らず、悪《にく》むべきは、是《こ》れ賤《いや》しくして能なきなり
老《お》ゆるは嘆《なげ》くに足《た》らず、嘆くべきは、是《こ》れ老いて生を虚《むなしく》するなり
死《し》するは悲《かな》しむに足《た》らず、悲しむべきは、是《こ》れ死して聞くなきなり

貧《ひん》・賤《せん》・老《ろう》・死《し》は、いずれも人生における逆境でしょう。しかし、そのようなことに気を迷わせるよりも、心を内面に致して生きることが大切です。今たとえ貧しくとも、志を失わないことです。今たとえ地位が低くとも、能力を養っておくことです。志も持たず能力を磨くこともせず、いたずらに時を過ごして虚しく老いることこそ嘆くべきでしょう。

そして、晩年になっても道を求め得ずして（道を聴くこともなく）ひっそりと死んでいく

ほど悲しいことはありません。
地位や財産にとらわれることなく、「自分の志したことを、常に自分に誠実に、自分なりの工程を踏んで歩んでいく」こと。そういう充実した「人生三分の計」を実践して、最期に「俺の（私の）人生、まんざら捨てたものでもなかったな」といえれば本望《ほんもう》じゃないですか。

もう一つ最後に、佐藤一斎『言志四録』「言志晩録六〇」の一節を紹介しておきます。

少《しょう》にして学《まな》べば、則《すなわ》ち壮《そう》にして為《な》すこと有り。壮《そう》にして学《まな》べば、則《すなわ》ち老《お》いて衰《おとろ》えず。老《お》いて学《まな》べば、則《すなわ》ち死《し》して朽《く》ちず。

〔少年時代に学問しておけば、壮年時代になってそれが役に立つことができるし、壮年時代に学問しておけば、老年になっても気力の衰えることがない。老年になっても学問すれば、それが社会に役立つことになるから、死してもその名が朽《く》ちることがない〕[21)]

再度問う、「一流の生き方とは何か？」。それは、人生を大局的にとらえ、己《おの》れに確たる志を持ち、その志に向かって生きることです。そのためにも、常に学ぶことを忘れないことです。その実践の一方法論として、「憲法十七条」を古《いにしえ》の資料として学識的に研究するのではなく、実人生に活かす読み方でもって己れの人生をみつめなおすことが大切となりましょう。

本書が〝後生畏《こうせいおそ》るべし〟とされる青・壮年の皆さんの「一流の生き方」へのささやかなきっかけとなれば幸いです。

おわりに

本書は、二〇〇九年に発行した『日本人なら一度は読んでおきたい「十七条憲法」』がもとになっています。これは、印刷と製本を業者にお願いしたほかは、すべて自分で制作した自作出版で、私にとってすこぶる愛着の深い本です。

五十三歳で早期退職し、大学および私塾（大阪府枚方《ひらかた》市楠葉《くずは》にあった木南塾）に通いながら本格的に東洋思想を学び始めて数年後、私塾の木南卓一《きなみたくいち》先生から「何か書いてみませんか」と勧められたのがきっかけでした。奈良県大和郡山市に生まれた私は、幼少の頃から聖徳太子や「憲法十七条」の名前を知ってはいましたが、それまで詳しく学ぶことはありませんでした。

そこで、これを機に改めて聖徳太子および「憲法十七条」について調べはじめたのです。

しかし、信頼度の高い歴史的史料が少ないこともあって、〝聖徳太子実在説・虚構説〟および「憲法十七条」の〝聖徳太子真作説・偽作説〟の論争が喧《かまびす》しく、また「憲法十七条」についても仏教的アプローチばかりで儒教的アプローチがほとんどなされていませんでした。ならば自分で、「聖徳太子と憲法十七条」をテーマに既存のものとは異なる視点で書いてみようと志し、自作出版したのが『日本人なら一度は読んでおきたい「十七条憲法」』です。

いま読みなおしてみると、言葉足らずや逆に冗長《じょうちょう》な箇所あるいは時代にそぐわなくなった文言もあって、自分でも歯がゆく思うところが多々あります。しかし、「一度しかない人生を何の努力・挑戦もしないでぐずぐず終わるよりも、何か一つのテーマを決めて打ち込んでみよう」という純粋な気持ちで真摯《しんし》に取り組んだ当時の記憶がよみがえり、私にとりまして聖徳太子および「憲法十七条」の原風景となっています。

それが、このたび、はからずも育鵬社から改めて出版のお勧めがあり、一旦は躊躇《ちゅうちょ》しましたが、当時は発行部数も配布先も限定的でしたので、後生のために広く世に残しておくのも意義あることと思い、ここに上梓《じょうし》した次第です。

本書の上梓により、私にとっての「憲法十七条　三部作」を世におくることになりました。既刊の『「憲法十七条」広義』は、〈聖徳太子の生涯を四期に分けての人物像／十七の条文についての字解や典拠の明示／現代的意義と考察〉など、従来の仏教的解釈にあきたらず〝より一層広い意味（広義）〟で味読したものです。

また『教養として読んでおきたい「十七条憲法」』は、法隆寺界隈で開催した十回の連続講座をもとに、興味深い歴史的人物も織り込みながら、現代に生きる人の教養として知っておきたい「十七条憲法」を読み物としてまとめたものです。

本書を含めた三部作にはそれぞれに趣がありますが、繰り返し「憲法十七条」について書かずにおれないのは、「憲法十七条」が単なる役人の服務心得や政治倫理にとどまるものではなく、十七の条文から〝人物を養う〟いわば〈人間学〉としての精神を読み取ることができるからです。唱導された十七条を味読して日本人のこころを再発見し、実人生に活《い》かしていくところに今「憲法十七条」を学ぶ意義があると思います。

なお、本書では多彩な故事成句《こじせいく》や片言隻語《へんげんせきご》を適宜《てきぎ》掲載することを心がけました。その理由は、人生いかなるものかを気づかせてくれるのは、格調高い論文であるよりもこのような片言隻語であることが多いと思うからです。この中に「これは！」と感じるものがあれば、それを契機として出典を学ばれることをお勧めします。そのためにも、ここに引用させていただいた資料・文献については【引用文献】として、ならびに参考にさせていただいたものについては【参考文献】として巻末に掲載しました。

また、理解しにくい語句については（括弧）として意味を付記していますが、特に注記していないものは主に『広辞苑』あるいは『明鏡 国語辞典』によっています。

本書の出版にあたっては、育鵬社編集部の槇保則氏をはじめ、多くの方々の誠意あるご尽力を賜りました。ここに、深く感謝するとともに、このご縁をありがたく存じます。

令和六年八月

永﨑 孝文

付録

関連年表

『日本史年表』[22] より抜粋（一部改訂：ルビ筆者）

五一三年：百済、五経博士段楊爾《だんように》をすすめる（紀）。

五一六年：百済、段楊爾にかえて、五経博士漢高安茂《あやのこうあんも》をすすめる（紀）。

五三八年：百済の聖明王、仏像と経論を朝廷におくり、仏教が公伝される（上宮聖徳法王帝説《じょうぐうしょうとくほうおうていせつ》、元興《がんごう》寺縁起《じえんぎ》）。

五五一年：百済《くだら》・新羅《しらぎ》・任那《みまな》、高句麗《こうくり》と戦い、百済は旧都漢城の地など六郡を回復。

五五二年：百済の聖明王、釈迦仏像と経論を献ずる。欽明王《きんめいおう》、仏像礼拝の可否を問う（紀）。

五五三年：百済、軍兵の派遣を要請。

五五四年：百済、再び軍兵を要請。僧曇慧《どんえ》と五経・易・暦・医博士らを交替派遣。百済に兵・馬・船を送る。倭・百済両軍、新羅と戦い、百済の聖明王戦死。

五六二年：新羅、任那官家《みやけ》を滅ぼす。紀男麻呂《きのおまろ》ら、任那に渡り新羅と戦うが敗れる。

五七一年：新羅に使を遣わし、任那滅亡の理由を問う。欽明王、任那再興の詔《みことのり》を残して崩御《ほうぎょ》。

五七四年：厩戸王子誕生。

五八三年：任那復興協議のため日羅《にちら》を百済から召喚するが、日羅暗殺事件が起こる。蘇我馬子《そがのうまこ》、石川の宅に仏殿を造る（元興寺縁起《がんごうじえんぎ》。紀は五八四年のこととする）。

五八五年：物部守屋《もののべのもりや》・中臣勝海《なかとみのかつみ》、塔・仏殿を焼き、仏像を難波の堀江に棄てる。

五八六年：穴穂部王子《あなほべのみこ》、殯宮《もがりのみや》にて額田部王女《ぬかたべのひめみこ》をわがものにせんとして三輪君逆《みわのきみさかう》に阻止される。穴穂部王子、物部守屋に三輪君逆を斬殺させる。

五八七年：用明王《ようめいおう》、病のため仏教に帰依《きえ》せんことを群臣にはかる。中臣勝海殺され、物部守屋と蘇我馬子は互いに兵を集めて対立。用明王崩御。蘇我馬子、皇后（のちの推古王《すいこおう》）を奉じて、穴穂部王子と宅部王子《やかべのみこ》を殺す。ついで泊瀬部《はつせべ》（のちの崇峻王《すしゅんおう》）・竹田ら諸王子・諸氏族らを率いて物部守屋を滅ぼす。

五八八年：百済、仏舎利を献じ、僧・寺工・鑪盤博士・瓦博士・画工を贈る。蘇我馬子、善信尼《ぜんしんに》らを百済に留学させる。飛鳥に法興寺《ほうこうじ》（飛鳥寺）の建立開始。

五九一年：任那復興のため、紀男麻呂らを大将軍とし、二万余りの軍を筑紫に派遣する。

五九二年：蘇我馬子、東漢直駒《やまとのあやのあたいこま》に命じて崇峻王を暗殺。推古女帝即位。

五九三年：厩戸王子を立てて太子とし、政《まつりごと》を摂《つかさど》らしめ、万機を以《もっ》て悉《ことごと》くに委《ゆだ》ねる。

五九四年：厩戸王子と蘇我馬子に詔《みことのり》して、三宝を興隆させる（仏教の国教化）。臣・連ら、競って仏舎（寺）を造る。

五九五年：高句麗僧慧慈《えじ》渡来し、厩戸王子の師となる。百済より僧慧聡《えそう》も来朝。

五九六年：法興寺（飛鳥寺）完成し、慧慈・慧聡がここに住す。

六〇〇年：新羅と「任那」が戦闘状態に入り、境部臣《さかいべのおみ》を大将軍として任那救援軍を派遣。新羅降伏するも、倭軍撤退後再び任那を侵す。第一次遣隋使（隋書倭国伝）。

六〇一年：厩戸王子、斑鳩宮を造る。

六〇二年：厩戸王子の弟来目王子《くめのみこ》を新羅征討将軍に任じ、軍二万五千人を動員するも、来目王子筑紫にて発病。

六〇三年：来目王子筑紫で病死。その異母弟当麻王子《たぎまのみこ》を新羅征討将軍に任ずるも、当麻王子に随伴した妻の死により新羅攻撃を中止する。冠位十二階を制定する。

六〇四年：冠位十二階制を施行。厩戸王子、憲法十七条を作る。朝礼を改める。

六〇五年：厩戸王子、明日香より斑鳩に移り住む。

六〇六年：厩戸王子、勝鬘経・法華経を講説。

六〇七年：第二次遣隋使（小野妹子《おののいもこ》）。大和・山背・河内に池溝を掘り、国ごとに屯倉《みやけ》を置く。

六〇八年：小野妹子、隋より裴世清《はいせいせい》らとともに帰国。続いて、第三次遣隋使（小野妹子）。高向玄理《たかむこのくろまろ》・

僧旻《みん》・南淵請安《みなぶちのしょうあん》ら八人、隋へ留学。

六一一年：新羅・「任那」の使、朝貢す。

六一四年：第四時遣隋使（犬上御田鍬《いぬかみのみたすき》）。**厩戸王子、法華義疏を撰述し、三経義疏揃う。**

六一五年：僧慧慈、高句麗へ帰国。

六二〇年：「天皇記《すめらみことのふみ》」・「国記《くにつふみ》」編纂。

六二二年：厩戸王子、斑鳩宮にて没す。

六二六年：蘇我馬子、没す。

六二八年：推古王、崩御。

六四三年：蘇我入鹿ら、山背大兄王《やましろのおおえのおう》一族を滅ぼす。

六四五年：中大兄王《なかのおおえのおう》・中臣鎌足《なかとみのかまたり》ら、蘇我氏を滅ぼし、六四六年大化改新の詔を宣す。

【引用文献】

1）尾崎雄二郎　他編：『角川大字源』：角川書店、一九九二年
2）高田良信：「聖徳太子と仏教」、『聖徳太子の実像と幻像』：大和書房、二〇〇二年
3）大山誠一：『〈聖徳太子〉の誕生』：吉川弘文館、一九九九年
4）中村　元：『新　仏教語源散策』：東書選書・東京書籍、一九八六年
5）網野善彦：『「日本」とは何か』：講談社、二〇〇〇年
6）白川　静：『字通』：平凡社、一九九六年
7）宮崎市定：『論語の新研究』：岩波書店、一九七四年
8）奈良康明：『日本の仏教を知る事典』：東京書籍、一九九四年
9）中村　元：『仏教語源散策』：東書選書・東京書籍、一九七七年
10）吉川幸次郎：『論語　上下』：朝日選書・朝日新聞社、一九九六年
11）下見隆雄：『礼記』：明徳出版社、昭和四八年
12）諸橋轍次：『論語の講義』：大修館書店、（平成九年新装六版）昭和四八年
13）海原　徹：『吉田松陰と松下村塾』：ミネルヴァ書房、一九九九年

14）山田済斎編：『西郷南洲遺訓』：岩波文庫・岩波書店、一九三九年
15）津田左右吉：『日本古典の研究　下』：岩波書店、一九五〇年
16）安岡正篤：『十八史略　上』：MOKU出版、一九九七年
17）藤井専英：『荀子　下』（新釈漢文大系）：明治書院、昭和四四年
18）池田　諭訳：『不動智神妙録』：徳間書店、昭和四五年
19）佐々木憲徳：『山家學生式新釋』：山崎寶文堂、昭和十三年
20）守屋　洋編・訳：『呻吟語』：徳間書店、一九八七年
21）久須本文雄訳注：『言志四録』：講談社、一九九四年
22）歴史学研究会編：『日本史年表』、増補版：岩波書店、一九九五年

【参考文献】

(1) 中江藤樹原著、西晋一郎通解：『大學解並古本大學全解』：木南卓一発行、平成一六年
(2) 西晋一郎講義、木南卓一校合増補：『日本儒教の精神』：溪水社、平成一〇年
(3) 佐伯定胤講述、木南卓一複製：『聖徳太子に学べ』、平成一一年

(4) 宇治谷孟：『日本書紀・下』：講談社学術文庫、一九八八年
(5) 文部省社會教育局編：『聖徳太子十七條憲法』、昭和七年
(6) 田村圓澄：『聖徳太子』：中公新書、一九六四年
(7) 亀井勝一郎：『聖徳太子』：日本ソノサービスセンター、昭和四三年
(8) 上原　和：『斑鳩の白い道のうえに』：朝日新聞社、昭和五〇年
(9) 上原　和：『聖徳太子』：講談社学術文庫、一九八七年
(10) 岡本精一：『太子道を往く』：奈良新聞社、昭和六二年
(11) 『聖徳太子と蘇我一族』：日本放送出版協会、一九八九年
(12) 武光　誠：『聖徳太子』：現代教養文庫・社会思想社、一九九四年
(13) 遠山美都男：『聖徳太子　未完の大王』：日本放送出版協会、一九九七年
(14) 瀧藤尊教：『以和為貴：聖徳太子の信仰と思想』：善本社、平成一〇年
(15) 金治　勇：『聖徳太子のこころ』：大蔵出版、一九八六年
(16) 大野達之助：『聖徳太子の研究』：吉川弘文館、昭和四五年
(17) 花山信勝：『聖徳太子と憲法十七条』：大蔵出版、一九八二年
(18) 姉崎正治：『聖徳太子の大士理想』：平楽寺書店、昭和十九年
(19) 中村　元：『聖徳太子　地球志向的視点から』：東京書籍、一九九〇年

(20) 古田紹欽：『聖徳太子と日本人の宗教心』：春秋社、一九九九年
(21) 岡野守也：『聖徳太子　『十七条憲法』を読む』：大法輪閣、平成一五年
(22) 田中健一：『聖徳太子 日本哲学事始め』：都市出版、平成一〇年
(23) 吉村武彦：『聖徳太子』：岩波新書、二〇〇二年
(24) 中村修也：『女帝推古と聖徳太子』：光文社新書、二〇〇四年
(25) 西野広祥、市川　宏訳：『韓非子』、中国の思想［I］：徳間書店、一九九六年
(26) 伊本俊二：『国旗　日の丸』：中央公論新社、一九九九年
(27) 今谷　明：『象徴天皇の発見』：文春新書、平成一一年
(28) 安岡正篤：『人生の大則』：プレジデント社、一九九五年
(29) 安岡正篤：『いかに生くべきか（東洋倫理概論）』：致知出版社、平成一二年
(30) 竹田　晃：『文選（文章篇）　下』（新釈漢文大系）：明治書院、平成十三年
(31) 宇野哲人：『大学』：講談社学術文庫、一九八三年
(32) 近藤康信：『伝習録』（新釈漢文大系）：明治書院、昭和三六年
(33) 鎌田　正：『春秋左氏伝　二』（新釈漢文大系）：明治書院、昭和四九年
(34) 鎌田　正：『春秋左氏伝　三』（新釈漢文大系）：明治書院、昭和五二年
(35) 須藤隆仙：『世界宗教用語大事典』：新人物往来社、二〇〇四年

【著者略歴】

永﨑孝文（ながさき・たかふみ）〔号 淡泉〕

1950年2月奈良県大和郡山市に生まれる。

1974年京都産業大学経済学部卒業。クラボウ（倉敷紡績株式会社）、藤沢薬品工業株式会社（現、アステラス製薬株式会社）に勤務。2003年3月早期退職。

2003年4月より6年間京都大学中国哲学史研究室に在籍、東洋思想を学ぶ。

編集─『精神科における養生と薬物』、『老化の生物学と精神医学』、『一燈照隅　豊田良平先生を偲ぶ誌』他。

著書─『「憲法十七条」広義─“和魂”“漢才”の出あいと現代的意義─』（奈良新聞社）、『教養として読んでおきたい「十七条憲法」』（致知出版社）。

日本人の心に生きる 聖徳太子の「十七条憲法」

発行日　2024年9月1日　初版第1刷発行

著　者　永﨑孝文
発行者　秋尾弘史
発行所　株式会社　育鵬社
〒105-0022　東京都港区海岸1-2-20　汐留ビルディング
電話03-5843-8395（編集）　http://www.ikuhosha.co.jp/
株式会社　扶桑社
〒105-8070　東京都港区海岸1-2-20　汐留ビルディング
電話03-5843-8143（メールセンター）
発　売　株式会社　扶桑社
〒105-8070　東京都港区海岸1-2-20　汐留ビルディング
（電話番号は同上）
本文組版　株式会社　明昌堂
印刷・製本　タイヘイ株式会社印刷事業部

ISBN 978-4-594-09840-7